——阅　读　改　变　未　来——

科学达人爸爸来了

每位爸爸都应该是一台“育儿谣言粉碎机”

一小时爸爸 著

江苏凤凰文艺出版社
JIANGSU PHOENIX LITERATURE AND ART PUBLISHING, LTD

图书在版编目（CIP）数据

科学达人爸爸来了 / 一小时爸爸著. -- 南京 : 江苏凤凰文艺出版社, 2015

ISBN 978-7-5399-8173-4

Ⅰ. ①科… Ⅱ. ①一… Ⅲ. ①家庭教育 Ⅳ. ①G78

中国版本图书馆CIP数据核字(2015)第054659号

书　　名	科学达人爸爸来了
作　　者	一小时爸爸
出版统筹	黄小初　侯　开
选题策划	杨　琴　徐　妹
责任编辑	姚　丽
文字编辑	徐　妹
责任监制	刘　巍　江伟明
出版发行	凤凰出版传媒股份有限公司 江苏凤凰文艺出版社
出版社地址	南京市中央路165号，邮编：210009
出版社网址	http://www.jswenyi.com
经　　销	凤凰出版传媒股份有限公司
印　　刷	三河市南阳印刷有限公司
开　　本	32开（880mm×1230mm）
字　　数	180千字
印　　张	8
版　　次	2015年4月第1版，2015年4月第1次印刷
标准书号	978-7-5399-8173-4
定　　价	39.80元

江苏凤凰文艺版图书凡印刷、装订错误可随时向承印厂调换

目录

目录

第二章

防止孩子“病从口入”的科学技能

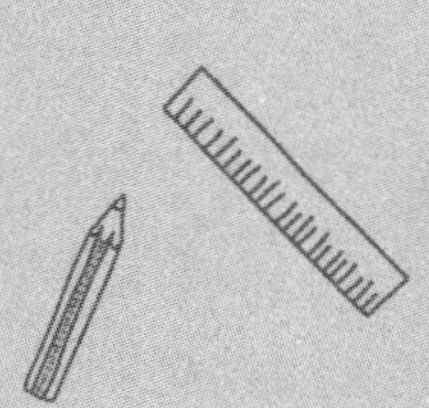

目录

第三章

用科学的态度解决隔代育儿观

目录

第四章

如何才能让孩子科学健康地玩耍？

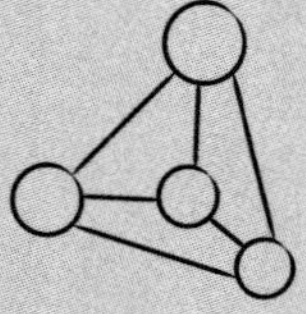

目录

序一

科学育儿只有热情是不够的

卢乐山

北京师范大学学前教育系教授，中国蒙台梭利专家协会总顾问。曾任全国妇联副主席。

研究育儿多年的人都知道儿童的年龄越小，大脑的可塑性就越大。因此，幼儿时期的教育是非常重要的。

幼小儿童受教育，不是靠文字的学习，也不是靠成年人的说教。他们需要从生活环境中获得各种信息，受到精神和物质的影响，并在和周围环境连续不断的交往和相互作用的过程中，获得身心各方面的发展。

幼儿的环境，主要包括周围的人和物。所谓的物，指的是他们的服装、用具、玩具、游戏材料，以及遇到的各种事物等。而周围的人中，父母是孩子接触的第一所学校。在中国大部分的家庭中，对宝宝的照料，多是妈妈的责任。可事实上，宝宝在最初的成长中，更需要爸爸的理性思维模式。爸爸可以帮助孩子社会化，是孩子最好的玩伴，更有利于孩子良好个性品质的形成。

近些年，许多年轻父母，意识到了教养孩子方面的重大责任。在孩子出生时，便为他制定一系列的教育路线与愿景。但父母们只有热情和愿望是不够的，重要的是能否给予孩子正确有效的引导。首先，要尊重孩子的人生。家长在了解孩子成长的一般规律后，掌握自家宝宝独具的成长状况和性格。在观察他们的行为表现后，更要深入细致地发掘他们的思想、情感、需要和兴趣，而不是给孩子强安一个你认为的大好人生。在尊重孩子的情况下，多交流沟通，鼓励他们自我表现。

其次，家庭成员们要统一战线，达成一致的教养理念。在中国目前的家庭中，隔代育儿问题已成了社会的普遍现象。两代人之间不同的养育观念，常引发家庭内部一场又一场的冲突。这些冲突，会使宝宝感到不知所措，不能明辨是非，甚至出现两面性（在不同人的面前表现不同）。这对他们身心健康的成长是十分不利的。

当“一小时爸爸”中的王爸爸跟我讲他们的这个团队时，我非常欣慰和高兴。因为在中国家庭望子成龙的普遍现状下，有这一群爸爸在呼吁尊重孩子的人生；在家庭内部教养矛盾凸显的时候，他们不是顺从或当和事老，而是从科学教养理念出发，用科学解决矛盾。他们还根据家庭教养中经常遇到的一些重要的、有争议性的，或认识错误的问题，用科学的知识进行剖析、判断，提出正确的建议和指导，让初为父母的人，能不慌张、不盲从。书中涉及的知识范围广博，讲解生动有趣，能将复杂专业的知识拆分、易化地传播给大众，并非一件易事，这也许更加凸显了父亲在育儿中的重要和责任。

希望在本书出版后，能让“科学育儿”在中国家庭中真正流行起来。

那些养大我们的育儿方法是错的

隔代教育的矛盾是一个普遍的问题，在现在的中国尤其突出。很多问题都是由传统育儿观和现代育儿观念的极大不同所产生的。在两代人育儿观的战争中，让爸爸妈妈们最无奈的撒手锏，还是那句“你们就是被这么养大的”！但是，养大我们的方法就一定是对的吗？

不，很大一部分方法是不对的。

为什么？因为这30年人们的生活变化太快了，一不小心我们就成G2里面的另一半了。而这种时代变化的一个副作用就是：经验无效化。

积累经验，是人类进步的一个重要手段。但经验的有效性是有局限的，这个局限就是你使用这个经验的环境，和你学习它时的环境是大体一致的才可以。比如国足每年都在中超积累经验，而这些经验也只能在中超赛场上用，拿到国际比赛上，结果可想而知。对应到育儿上面也是适用的。上一代人积累的育儿智慧，如果现在还可以照搬，前提必须是这二三十年生活环境和以前基本一致。也许这个前提存在于我们童年那慢悠悠的美好时代里，但现在肯定是不存在了。

造成这种后果的原因，除了我们生活更富裕了之外，还有两个原因：一是全球化，二是信息化。前一个降低了我们获取商品的门槛，后一个降低了我们学习新知识的门槛。我们可以给孩子用太多自己小时候想都想不到的育儿产品，而这也让我们有更多的方法来怀疑、验证和推翻传统的育儿方法。随着时代的发展，传统的育儿方法也会渐渐变得无效化。

首先，那些经验会被证明是错误的。社会的飞速发展使人们接触了更多新鲜的事物、知识，因此我们变得更有思辨性了，会对以往的经验甚至理论产生质疑。那些传统的风俗习惯由于大家的好奇或者不满，最终都要被“科学”来检验一下。大批封建迷信和月子里的各种奇怪禁忌是都过不了这一关的。例如，传统育儿方法中宝宝都是怕冷不怕热的。和国外的小朋友比起来，我们的孩子被裹得像个小粽子。虽然宝宝的体温控制系统正处在发育中，如果环境过冷的确会失温生病，但宝宝并不只是怕冷，他也怕热。解决这个问题的方法不是把他扔到恒温箱里，而是需要少穿一些，锻炼他适应不同温度的能力，最后才能冷热不侵。

其次，科技的发展，使人们在育儿的过程中出现了更好的替代品。

有很多传统的育儿经验，并非是因为正确而流传至今的，而是当初没有更好的解决办法。就算从带引号的康乾“盛世”算起来，中国人民也穷了 300 多年了，大量的育儿经验是在缺乏物质条件的情况下，因陋就简而被研发出来的。比如给孩子穿开裆裤和大人随地把尿，在一个没有纸尿裤的年代，加上缺乏公共厕所，穿开裆裤是人们一种无奈的选择。不过到现在为了给孩子穿开裆裤，硬是给纸尿裤安上一群莫须有的罪名，情何以堪呢?

再次，传统育儿方法中有一些经验是根本不存在的。因为有些经验被传承下来，只是为了怀念。它们产生的基础，是对新事物和科技的自然的抵触与不信任，加上每个人都会有对逝去时代的怀念。合并起来就是“你小时候就没吹空调”或者“水银体温计就是比电子的准，你小时候都是用水银的”。这些不被科学证实的经验，是拿传统的理论基础，套到现代生活上，形成一些看上去很美、实际完全不能细想的所谓经验。比如“剖腹产的特殊月子餐”或者“防辐射中医食疗餐谱”。从目前的局势看，大概很快也会出现“儿童服用板蓝根预防埃博拉病毒”的经验了。

所以，那些正在辛苦育儿的家长们，这个社会每天都会出现新的理论、知识、科技、产品，完全没必要谨慎小心地按着爷爷奶奶那代人的经验来养孩子。因为你越是遵守，越是辛苦。在这样“三千年未有之大变局”中，经验，尤其是我们小时候的经验，已经不再那么重要了。这就是为什么在面对“你们就是这样被养大的”时候，我们必须要回答一句：“是的，但那些养大我们的方法现在是错误的。”

每位爸爸都应该是一台“育儿谣言粉碎机”

WiFi 对人体有辐射吗?

温馨提示：爸爸阅读本篇文章后将：物理学 +2。

现代社会中，科技产品是我们生活必不可少的，甚至成了必需品。这些产品让我们每天都处在一个无形的光线网中，这样问题也就来了，被提及最多的便是“辐射”。在有孕妇或有宝宝的家庭中，“防辐射”成了仅次于“防甲醛”的第二大问题。在一些生活类节目中，经常会上演类似“家中的电器用品哪种辐射最多”的调查，微波炉、电磁炉、冰箱、电视机等都在被调查的榜单中。但最近，有一条关于“WiFi 辐射”的消息让一群准妈妈们陷入了恐慌中。因为几乎家家都有 WiFi 路由器，办公室也被“WiFi 信号”覆盖着，孕妇可能一天 24 小时都处在辐射中。但事实上，WiFi 辐射真有那么可怕吗?

判断一个事物的好坏，我们都会从正反两方面出发。首先，我们不得不承认 WiFi 技术的伟大，它让我们的生活、工作更加便捷。WiFi 是目前人们日常生活中使用最普及的无线上网方法，而支持 WiFi 入网的电子设备也要多于以任何其他无线网络入网的电子设备。它是 20 年前被澳洲的工程师们发明的，现今已成为移动互联网时代的核心技术。从此，澳大利亚除了铁矿、袋鼠皮和绵羊油外又多了一种特产。

其次，WiFi 的负面影响便是辐射，那辐射到底有多大呢？我们又该如何判定辐射的大小呢？ 这就需要我们先了解下什么是辐射。自然界中的一切物体，只要温度在绝对温度零度以上，都以电磁波和粒子的形式时刻不停地向外传送热量，这种传送能量的方式被称为辐射。生活中，我们经常遇到的辐射有三种：太阳辐射、电磁辐射（电磁波）、热辐射。而 WiFi 与其他家用电器产生的辐射，都属于电磁辐射。如果一个电磁波能够对人体造成影响，必须要有足够的能量。假设电磁波有这样的“雄心壮志”，它应该要从两个方面努力，要不就有很高的频率，要不就提高功率。

生活中，高频率的电磁波最典型的就是核辐射、X 光，类比一下，这种电磁波相当于手枪中的子弹，一枪就能破坏人体；而高功率电磁波的典型是微波炉，虽然频率没有太高，但是功率足够大，一颗子弹的力量不够就打几百万颗，这种密集的“弹雨”也可以对人体造成伤害。当然前提是人被关到微波炉里，而不是站在微波炉外面。想想被微波炉热过的食物，就能知道这种伤害的程度。

频率越高的电磁波，能量也越高，按照电磁波的频率从低到高，包括低频电磁波、电台电波、微波、红外线、可见光、紫外线、X 光、宇宙射线等。WiFi 的频率是在 2.4GHz 和 5GHz 之间，属于微波，和微波炉、手机信号产生的辐射类似，略高于电台电波，低于红外线。

当然，除了频率以外，功率也是一个判断电磁辐射大小重要的指标。一般来说，家用 WiFi 发射的电波的功率是几百毫瓦，也就是零点几瓦，和手机的功率类似，但和太阳发射电波的功率相比，太阳直射时候的功率在 1~2 千瓦，是 WiFi 和手机发射功率的近万倍。加上阳光中的红外线、可见光、紫外线频率都远高于 WiFi，假如人体被 WiFi 辐射一下就生病的话，那么被太阳一晒肯定会死。

在判定电磁波对人体的影响中，很常用的一种方法是热效应，如果一种电磁波能强到让目标物体变热，那么它的辐射就比较显著。相应地，那些还没办法让目标物体加热的电磁波，影响就小很多。从这个角度来看，和被晒一会儿就浑身发烫的太阳光比起来，毫无感觉的 WiFi 是完全不需要担心的。

另外一个和辐射紧密相关的元素是距离，辐射功率是跟距离的平方成反比的，也就是说如果距离从 1 米变成 10 米，辐射就变成 1/100。用下面一个图可以很简单地看出来。

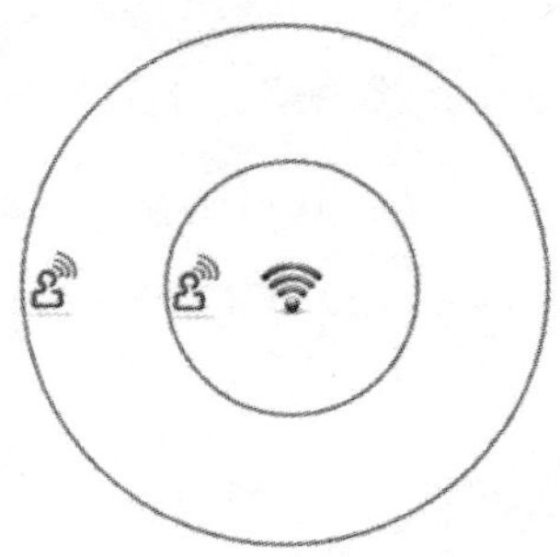

距离越远，电磁波会越分散到一个更大的球面上，人体面积所占的比例越小，接受到的辐射也就越少。这么说来，可以得出肥胖的人要比瘦人接收到的辐射多，孩童要比成年人接收到的辐射少。

根据球面面积公式，以及人体表面积，可以大概算一下不同距离收到辐射的量，基本上如果距离在 10 米处，辐射量就会变成几个毫瓦。这就是为什么很多明白人说 WiFi 辐射是手机辐射几百分之一的原因。因为 WiFi 离人体的距离通常要远大于手机，因此虽然两者发射功率差不多，但实际上人体接收到的辐射差别很大。

当然我们说这么多不是为了让大家去害怕手机，因为到目前为止，全球各大学术机构和国际团体耗费了大量人力物力，试图找到电磁辐射是否能对人体造成影响的证据，可结果仍是没有任何意义的证据。同样的，这几十年来人工电子设备越来越普及，电磁辐射也越来越多，但人的寿命和健康质量则在稳步增长。可以说现代科技帮我们多活了几十年，为什么还要害怕它呢?

相对 WiFi 辐射对人体可以忽略不计的影响，科技恐惧症患者的恐惧心理对生活质量的影响，甚至对身体健康的影响，才是我们更需要担忧的事情。

远离激光笔，它不是玩具

温馨提示：爸爸阅读本篇文章后将：物理学 +2。

最近，一条“10 岁男孩玩激光笔灼伤眼睛致永久失明”的消息铺满了各大新闻客户端，“激光笔致盲”事件也再次成为爸妈们关心的热点问题。其实，早在 2014 年的 3 · 15 晚会上媒体就对激光笔提出了安全预警。只是，在这个快节奏的社会里，媒体让人们感受到的从来都是一阵风的恐惧感和热门事件过后的无所谓，最缺乏理性的防范和告知。事件发生后，媒体的出发点都是为博得点击率和关注度，甚至夸大其危害。这除了让家长们恐慌、担忧外，起不到丝毫告知防范的作用。那么，对于“激光笔致盲”事件，我们应该了解的有哪些呢？

激光笔是为了在演示或讲课中作为指示，用来吸引听众的注意力而设计的。同时，它还可以用在瞄准和测量上。激光随着能量的提高，伤害性也会越来越强。生活中会遇到的激光类的产品主要有几类：类似带激光瞄准器的儿童玩具；演示用的激光笔；路边摊的三无产品以及一些爱好者拥有的专业手持激光设备。

在3·15晚会上，工作人员演示一支功率1440毫瓦的激光笔瞬间射爆气球，如把这支激光笔打在深色衣服上，就能把衣服点燃。这次晚会的预警，引起了相关部门的注意。因此，国家质检总局发布了《激光笔、儿童激光枪产品质量安全风险警示和消费提示》，表示不宜为儿童购买激光笔作为玩具使用，消费者使用激光笔时应避免照射人体眼睛、皮肤以及衣服等地方。并要求对激光笔销售实行“分级制”：危害程度由低到高依次为：1类、1M类、2类、2M类、3R类、3B类、4类，各类激光笔均要作类别标记。其中，玩具中的激光笔应满足1类激光辐射功率限值要求，也就是输出功率要小于0.4毫瓦。完爆气球是普通激光笔的功率达不到的，800mW以上的激光笔已经属于专业级的手持激光设备了。媒体用于演示的1440mW激光笔是一些爱好者拥有的专业手持设备，在一些学校周边的文具店是买不到的。家长们完全不用担心你家孩子能买到这种激光笔，因为你给他的零用钱是远远不够的。

对于一些用来做PPT演示的激光笔，我国并没有规定其功率的上限，而美国要求是5mW（等同我国的3R等级），这个级别的激光笔虽然不会完爆气球，但短暂照射会对孩子的眼睛造成伤害。

真正最可能对孩子眼睛造成伤害的，并不是大功率的专业级手持激光设备，而是那些价格低廉的几十毫瓦等级的路边摊三无激光笔。随着科技的发展，激光笔的价格已经降到了几十块人民币，并且光束的形状也被改造成各式各样，可以通过各种渠道购买，很多家长也都把它当作玩具买给小朋友。这种路边摊激光笔完全不会遵循国家标准，为了达到噱头，功率也远远超过品牌激光笔。

对于激光笔的危害，各个媒体的报道中都使用了“永久失明”、“永久损伤”、“永久伤害”等词汇来渲染恐怖气氛，也许他们为了引起家长关注的目的是好的，但是我们从不认同“用新闻事件来吓人”这一理念。如果你的孩子不小心被普通的激光笔扫了一下眼睛，那么没必要吓自己担心孩子会失明。

虽然激光可能会造成不可逆的黄斑损伤或者视网膜灼伤，但这有两个前提，一个是功率够大，一个是时间够长。被普通激光笔照射眼睛造成的短暂失明被叫做炫光，闪盲或残像，这种伤害不是永久性的。人不是死物，是有自己自我保护反射的，当人眼睛接触到强光，身体第一反应就是闭眼和转头。像“10 岁男孩玩激光笔灼伤眼睛致永久失明”的新闻中所说被激光笔照射 10 秒钟的情况，不是孩子当时不清醒，就是孩子之间玩打赌能坚持看激光多久的游戏。不然，怎么会一直被激光笔照射眼睛而不动?

之所以给大家宽心，不是为了让大家去畅快地和激光笔玩耍，而是不要过度恐慌。被激光照射眼睛的伤害案例中，很大一部分是因为人受照射后太害怕而大力揉眼，反而让眼睛受伤。

那么，关于激光笔的问题，各位爸爸妈妈应该如何防范呢？

1. 不要从非正规途径购买产品，不管是网络、路边摊还是商店，也不要购买没有质检标志、安全等级说明的激光产品。

2. 如果给孩子购买有激光功能的玩具，一定要确认符合国家 1 级标准，功率在 0.4mW 以下。购买演示用激光笔，请购买 5mW 以下的。

3. 如果作为激光爱好者购买高功率产品，请在学习相关知识外，把产品藏好，不要被任何孩子或者不了解安全操作方法的成年人拿到。

4. 绝对不要用激光笔指向人，也不要指向行驶中的交通工具。哪怕是关闭状态的激光笔，也有被误触打开的可能。

5. 在没有成人监管的时候，不要让未成年人使用激光笔。激光笔不是玩具。

6. 激光笔绝对不能指向类似镜面的物体上，反射的激光和直射激光对于眼睛同样有伤害。

7. 如果你发现有人在不负责任地玩激光笔，要小心注意他的动作。这样就能减少自己眼睛被照射到的可能。

8. 发现有孩子和大人玩激光笔，请及时制止，不要怕不给朋友面子，这也是对他好。如果他不能领会你的好意，证明他没资格做你的朋友了。

9. 遇到路边卖激光笔，或者一直玩激光笔吸引客人的小贩，注意不要面向那边，尽快离开，顺便报警为社会做贡献。

10. 如果不慎被激光笔照到眼睛，马上闭眼转头，短时间的照射虽然会让你感到不适，但不会造成永久伤害，谨记不要用力揉眼。

所以，在媒体曝光激光笔的危害后，我们要运用所了解的知识正确对待。爸爸们应该了解激光笔的使用与产生的危害，给孩子讲解其中的原理，而不是吓唬孩子或训斥孩子。否则会让孩子产生逆反心理，情况也许会越来越糟。

恐怖的有毒橡皮，到底哪里有毒？

温馨提示：爸爸阅读本篇文章后将：化学 +2。

在我们刚上小学的时候，大家对文具的新鲜感都很强烈。那时，因为写作业被要求用铅笔，所以每个小朋友都有一套标配，铅笔加橡皮。在那个年代，橡皮的样式可能没有现在多，但也足够引起小朋友们的“喜新厌旧”。橡皮不只是形状各异，还会散发出各种气味，西瓜味、草莓味、橙子味等等。如果不是去年的 3 · 15 晚会央视对这些橡皮发出了消费警示，家长们也许从未想过橡皮也是有毒的。

橡皮的毒性到底是什么，我们又该怎样为孩子选择橡皮？被媒体曝光的有毒橡皮，是指橡皮中的邻苯二甲酸酯（Phthalates）超标。其实，邻苯二甲酸酯是一系列有机物的统称，因为这类有机物总被媒体曝光，因此有些臭名昭著。 这类物质主要用作提高塑料柔软性的增塑剂，种类有很多，其中邻苯二甲酸二辛酯（DEHP）的潜在危害性相对最大，而邻苯二甲酸二癸酯（DIDP）和邻苯二甲酸二壬酯（DINP）相对较安全，欧洲一些国家就使用 DIDP 和 DINP 代替了 DEHP。在晚会上，主持人似乎并没有明确说明有毒橡皮里超标的到底是哪种邻苯二甲酸酯。在市场上，相对于 DIDP 和 DINP 来说，DEHP 的价格比较便宜。而有毒橡皮的出现，就是因为厂家为了利润而选择低廉原料生产商品造成的。所以，不妨腹黑一下，有毒橡皮中的超标物质为邻苯二甲酸二辛酯（DEHP）。

其实按照国际现行的危险评估方法，邻苯二甲酸二辛酯即便超标，也并没有确切的证据显示出很强的危险性。而欧盟更多是出于谨慎，才将它列为 1A 类危险品之一。邻苯二甲酸酯类增塑剂的应用途径实在太多，除了央视曝光的橡皮以外，与我们生活紧密相关的塑料制品里都含有邻苯二甲酸酯类物质，甚至医疗用的塑胶手套和输血袋里也有这类物质。邻苯二甲酸酯类会从塑料制品中慢慢释出，比如新车会有一种味道，销售可能会告诉你是“新鲜”的味道，有的人甚至很喜欢闻这种气味。其实，这种气味就是车里内饰的塑料件释放出来的某些增塑剂。邻苯二甲酸酯类在室外会很快因为光照等条件被分解掉，而在室内因为空间相对封闭，光照条件也不如户外，因此浓度会高一些。如果家中有这种气味，就要经常打扫房间，开窗透气来促进邻苯二甲酸酯类的挥发。

因为有些橡皮做得太甜美了，不仅形状会像水果、蛋糕等食品，气味也像，所以有些小朋友总想时不时地闻一闻，甚至还会啃咬。小朋友的这些行为，家长们是防不胜防的。那么，小朋友如果使用了含邻苯二甲酸酯的橡皮，会中毒吗?

虽然在 2008 年，丹麦环保署表示小孩子嚼橡皮会有潜在的健康风险，但是欧盟健康与环境风险委员会则认为即使咬下来吞下去也不可能引起健康问题。我们查看了后续的一些相关研究报告，研究结果也是充满了矛盾。邻苯二甲酸酯类和一些疾病之间并没有笃定的关联性。早期一些在啮齿类动物（兔子、老鼠）身上进行的实验推测出邻苯二甲酸酯类具有“致癌性”，但是人毕竟不是啮齿类动物。后续工作人员又针对灵长类动物进行了实验研究，表示人能抵御邻苯二甲酸酯类的影响。经过这一系列的研究后，邻苯二甲酸酯类便被从 WHO 的致癌物列表上去掉了。大家不要觉得科学家们精神分裂，在大部分科学研究中，这种矛盾是最常见的，总是反复地论证又反复地推翻。对于有毒橡皮，它的毒性并不足以对人体产生严重不良影响，家长朋友们也不用过分紧张。

虽然了解了有毒橡皮产生的影响并不是致命的，但对于孩子来说，还是应该尽量避免使用这种橡皮，因为廉价橡皮的质量问题不只是在这一点上，往往还会有其他隐藏的危害。首先，作为家长，要给孩子把好挑选产品的第一关。尽量不要买以可爱造型、食物造型的橡皮，这会让孩子忍不住想去吃它，不光是有毒隐患，还会有窒息风险。此外买橡皮时可以查看包装说明，是否标有不含邻苯二甲酸酯。实在不成，家长朋友们就只好遵守我国的一个购物铁律“便宜没好货”吧。

在我们的生活中，邻苯二甲酸酯类已经无处不在了，目前也没有较之便宜有效的替代品，我们能做的是尽量在这样的环境里减少暴露，例如之前所说的通风换气，科学选择产品。我们也要做到和孩子沟通，告诉他这些产品的问题。我相信那个年龄的孩子对一切都有好奇心，只要家长朋友们能说出道理说出知识，小朋友们会当一件大事来对待的。因为他会觉得自己知道了一个大秘密，和生活中的其他秘密不同。

涂改液成为儿童杀手新军

温馨提示：爸爸阅读本篇文章后将：化学 +2。

在去年 3·15 晚会上，央视对激光笔、橡皮发出了消费预警，在上文中也有提及。其实，这些物品在去年晚会上被曝光后，互联网上的一些言论及文章，或多或少有些危言耸听。就比如，同时被曝光的另一个孩子学习用品——涂改液。化学专业出身的我们相当不喜欢媒体动辄说什么东西致癌，并进一步将化学成分污名化。因为当学习了那么多年化学知识后，我们深知一切抛开浓度说危害的都是耍流氓行为。举个很简单的例子，水是人们生存的必需品，但水喝多了也能中毒。一般所谓的"致癌"，也是需要长时间地累积剂量。自涂改液被媒体曝光其含有的"甲苯"和"二甲苯"超标致癌后，家长们就如惊弓之鸟，一听到含有甲苯、二甲苯的东西第一反应便是"致癌"。

我们这样说，并不是在给这些化学成分正名，贴上“无毒标签”，只是想要大家用一个科学的态度去认识了解它们，不歪曲事实、不心中惊慌。涂改液又称“改正液”、“修正液”、“改写液”，是一种普通的文具，白色不透明颜料，涂在纸上以遮盖错字，干涸后可于其上重新书写。这是 1951 年由美国人贝蒂·奈史密斯·格莱姆发明的。

甲苯，确实是一个危险的化学成分。在美国，甲苯很早就被禁止用到涂改液上充当溶剂。他们采用三氯甲烷代替甲苯，可不久后发现三氯甲烷会破坏臭氧层，而且对皮肤有刺激性，所以又被禁掉了。现在市面上出售的涂改液主要成分是三氯乙烯和溴丙烷，更安全一点的是甲基环己烷。中国在这方面的标准其实是很严格的，例如苯系有机溶剂的含量应该小于 10mg/kg，而且不能使用氯代烃，例如上述的三氯乙烯和溴丙烷。

如果孩子长期接触使用甲苯和二甲苯超标的涂改液，的确有可能会慢性中毒，因此选择涂改液应该以安全而非干得快为标准。因为甲苯和二甲苯的挥发性，也容易对孩子的眼睛造成刺激。不过值得欣慰的是，这种影响都是需要非常长期接触才有可能导致的。一支涂改液的量是不致引起急性中毒的。而父母在选购涂改液时，最好选择水基涂改液，它比有机溶剂更安全，但缺点就是干得慢。

在我们小时候，哪里知道用涂改液，经常是写错了再用斜线划掉就好了。父母应该让孩子养成良好的书写习惯，下笔前要多思考一下，从而减少对涂改液的依赖。如果必须要使用涂改液的话，请为孩子选购正规厂家生产的商品。对于 “甲苯”超标的涂改液，流出的液体是有明显刺鼻气味的，一点点就能闻出来。这种成分的涂改液就要慎重使用了。

一次性纸杯有多可怕?

温馨提示：爸爸阅读本篇文章后将：化学 +2。

最近某央企媒体的官方微博爆料称一次性纸杯的安全有问题。其微博原文为：

不要用一次性纸杯盛热水！网传一次性纸杯的内壁涂有一层“蜡”，遇高温会融化。央视财经《是真的吗？》记者购买了几种纸杯，发现用蜡作为内壁的一次性杯子比较少。但当往不同杯子里加入 100 摄氏度热水后，杯子的形态都发生了变化，说明杯体内壁的材质可能已经发生了化学反应。专家称，这是“聚乙烯”。专家还表示，因为温度升高，接近聚乙烯或者聚丙烯的熔点以后，这些材料都会软化，长期饮用，可能对人体造成伤害。提醒：用“聚丙烯”材料制作的纸杯更安全，要选用正规厂家的合格品，并且最好不要用纸杯盛放热水。

看完这个微博，我们最直接的感慨是，高分子专业就业情况应该很好，否则如此大的媒体怎么会招不到一个懂高分子的呢。短短几百字的文字里，居然能有那么多的错误，这可是比完全不出错还要难太多了。这个微博发出后，不知道又有多少家庭的妈妈开始担忧；也不知道又有多少孩子正在为生活中失去一个“便利的产品”而苦恼；还不知道有多少纸杯生产厂家在某个角落咒骂专家。

那么，纸杯真的如专家所说的那样不合格吗？也有人说，专家的话中提到过一个词“长期”，这类含有化学物质的东西短期偶尔使用没问题，但长期使用是会造成伤害的吧。所以，我们就细细解读一下专家的话，哪些可信，哪些可以直接忽略。

原文中提及杯子遇热导致形态发生了变化，便得出“杯体内壁的材质可能已经发生了化学反应”。试问，杯子形态的变化属于物理反应，而杯体内壁材质变化属于化学反应，找任何一个上高中的学生，他都知道这两种变化没有一点关系。物理变化并不能引起化学反应。所以，纸杯事件的发生条件是错误的。

而专家称杯体内壁的材质为聚乙烯（PE），遇热水发生化学反应。但聚乙烯（PE）作为高聚物，是不会融，也不会溶的，甚至不能说是熔化——因为晶体才有熔点，而一般高聚物是非晶的，即使是PE，也不可能完全结晶。高聚物的变软，是温度高于玻璃化转变温度。这个温度是在 100 度以上的，就算那杯子放进滚开的水里面去煮，纸煮烂了，PE 膜还是不会熔化。而且，这一切都是物理变化，根本不是化学变化。

在结尾处，专家提醒大家使用“聚丙烯”材料制作的纸杯更安全。这点也是错误的，因为市面上根本没有叫聚丙烯纸杯的物品，聚丙烯没办法用来做膜，最多用来做塑料的一次性杯子。

其实，聚丙烯和聚乙烯都是无毒的化学物质，长期使用并不会对人体造成伤害。纸杯装热水对身体有害？每个活蹦乱跳的星巴克金星卡用户都是在以身证明此说法的错误。其实针对一次性纸杯的问题，大家真正需要了解的并不是上面的那些恐吓内容。

首先，以前刚有纸杯这一物品的时候，杯体内部是涂蜡的，蜡的熔点很低，所以不能装热水。这并不是怕中毒，是怕杯子漏了烫手；其次，PE（聚乙烯）和 PP（聚丙烯）都是无毒的，所以用它们来替代之前的 PVC（聚氯乙烯）是一个好趋势。因为 PE 和 PP 里面是没有氯的，所以就算烧也烧不出吓人的含氯的“二英”出来；再次，一次性纸杯从涂蜡到镀 PE 是一个进步，纸里面说不定还有各种漂白剂、荧光粉之类的，PE 膜实在是能干净太多。

最后，我们建议大家最好减少使用一次性纸杯，不是因为上面的塑料有毒，而是一次性餐具很浪费，比起塑料膜，我们更担心做纸杯需要砍多少树。如果因为聚餐等原因需要使用一次性纸杯，购买的时候请选择比较知名的品牌。大家的出发点不应该是塑料会不会有害，而是它是否符合国家标准。还要特别注意纸杯包装上面的使用限制和温度上限，冷饮纸杯不要用来装热水。用完后请密封保存剩余的纸杯。

我们还经常在网上看到自己消毒纸杯的偏方，例如往新纸杯中倒水，泡五分钟或者第一杯水倒掉就可以如何如何的。这种所谓偏方其实很可笑，纯粹自我安慰罢了。因为合格的产品是不需要这样处理，而不合格的产品即使被泡烂了还是不合格的。所以，当妈妈或家中老人再宣传关于纸杯的种种小道消息时，爸爸们就可以理直气壮地反驳了。

学步车，风险到底有哪些？

温馨提示：爸爸阅读本专题文章后将：安全 +3，控制力 +2。

在一期《焦点访谈》中，谈及了儿童学步车的危害，引起了广大家长朋友的注意。在每个小朋友开始学走路的时候，时髦的家长就会给孩子买辆学步车。他们会认为有了它，就再也不用弯着腰费劲地扯着孩子走路了，而孩子也不会因为站不稳摔倒了，简直是造福万千家庭的产品。可事实上，学步车的危害远大于它给家庭带来的便利。如果你知道，因为自己一时的懒惰，而造成对孩子致命的伤害，你肯定不会再去购买学步车。

事实上，欧美国家对学步车的反思和批判早在十几年前就开始了。根据美国《儿科》杂志 2001 年的论文，仅在 1999 年，在美国就有 8800 名 15 个月以下的婴儿因为学步车受伤送去急诊，1973 年至 1998 年，美国有 34 起因学步车而造成的儿童死亡的案例。

在 1997 年美国通过了新的学步车标准，要求学步车必须比标准屋门更宽大，同时要有防止跌落的刹车系统。但在 2006~2008 年间，仍有 4 例儿童因学步车死亡的案例。虽然在 2010 年受伤儿童降低到 4000 人左右，但学步车仍然是儿童受伤的重要原因之一。因此除了《焦点访谈》中提到的，加拿大已经禁止了学步车的销售外，美国儿科协会（AAP）也正努力通过在美国实施学步车的全面禁令。

在 AAP 对家长的警告信中，谈及了一些学步车的危害，这些也是我们中国的家长应该知道的：

1. 婴儿使用学步车非常容易摔倒，滚下台阶，造成骨折、头部受伤。

2. 因为学步车会让孩子够到很多以前够不到的东西，所以很容易造成烫伤、中毒和窒息。

3. 不要以为家长陪同或者看管可以避免学步车伤害，事实上绝大多数由学步车导致儿童受伤的情况都是在家长看管下发生的。

4. 儿童在学步车里的移动速度可以达到 1 米 / 秒，当家长反应过来后，伤害早已发生了。

5. 和家长认为的相反，用学步车反而会导致孩子发育迟缓，推迟孩子学会走路的时间。

此外，作为美国最好的儿科医院之一，美国普渡大学 Riley 儿童医院的报告警告过家长：过早使用学步车练习行走会使爬行时间不足，导致宝宝的腿部和背部肌肉群发育过度而前肌肉群发育不足，同时过早站立会让宝宝的脚跟和腿肌肉过于紧张，最终损害儿童的平衡能力。

我们想对正使用或者准备使用学步车的宝宝的家长们说：“着什么急啊？！”孩子的成长发育是有自然规律的，拔苗助长的故事流传了几千年了，怎么到自己家孩子的时候就这么着急呢？走路比别人家的孩子早又能赢得什么？晚几个月又输了多少面子？还记得我们小时候有多痛恨“别人家的孩子”，有多少次想过“假如我当了爸爸妈妈绝对不会……”现在其实是到了证明我们比以前的家长做得更好的时候了，让孩子按照自己的时间表自由成长吧。

不过，按照一贯和稀泥的风格，虽然 Riley 医院的报告证实早走路的宝宝没有比晚走路的宝宝更聪明，但还是存在一些希望宝宝尽快学会走的家长。对于这部分家长的要求，除了学步车，还是有不少方法可以帮助孩子尽早学会走路的。

最笨也是最安全的方法就是家长扶着、拉着宝宝学走路，因为没有任何辅助措施能比家长的双手对孩子来说更安全更有效了。或者，听取 AAP 的建议，去购买无轮子的儿童活动桌，让孩子围着桌子旋转移动，限制他活动的范围，不会满屋子跑也相对更安全。如果你家足够大，可以在房间中用婴儿围栏围出一块儿童娱乐区域，让宝宝尽情玩耍，宝宝也可以练习扶着栏杆站起来。如果宝宝对走路一点兴趣没有，总是想让人抱，那就从另一方激发他想走路的兴趣，先让宝宝尝试独自坐在高脚椅上，一边玩玩具一边欣赏高处的风景，再一步步引导他学习走路。

学步车，其实是大人偷懒的一个借口。可能它被制造出来的初衷是好的，但人天生的惰性早已歪曲了它最初的意义。作为宝宝的监护人们，如果不能正确使用学步车，那就选择放弃。而且在任何宝宝娱乐或者临时托管的地方，包括亲子班、早教班都不应该有学步车，如果你发现了，请主办者将学步车收起来。

电磁炉的辐射严重吗?

温馨提示：爸爸阅读本篇文章后将：电磁学 +2，防辐射 +2。

有一个场景，我们在吃饭的时候能遇到N多次，很让人受不了。上周，我们去火锅店聚餐，一个孕妇和其家人进来，发现店里用的是电磁炉，就一边说着辐射不好一边走了。害怕辐射是无可厚非的，不过就算是再害怕辐射的人，也应该明白生活中哪些场所有辐射，是否能对身体造成危害。而不是从网上看到“电磁炉对孕妇有辐射”或者一些“孕妇该远离什么”的类似帖子，就开始人云亦云。

在害怕电磁辐射之前，大家最应该做的是真正了解电磁辐射。首先，所谓电磁辐射和最吓人的核辐射相差很远。后者是高能粒子直接打到人身上，前者只是低能量的电磁波。生活中所有物体都会发射电磁波，人类本身就是辐射源。运动的电子会释放电磁波，而这个宇宙中任何物体里都有漫山遍野的运动电子，所以想躲避电磁辐射是根本不可能的事。

当然，所有的电磁波并不是相同的，也分三六九等。电磁波的能量和频率成正比，频率越高，能量越高，可能造成的危害也就越大。电磁波根据能量从高到低，分为伽马射线、X 射线、紫外线、可见光、红外线、微波、无线电波。由于大气层和劳动法的保护，我们在日常生活中基本很少遇到紫外线以上的高能电磁波，而在遇到的电磁波中，可以证实会对人体造成伤害的，就是能量最高的紫外线加上 HEV（可见光中的高能蓝光部分），这就是我们一直提倡在强光的户外爸爸妈妈给孩子戴墨镜的原因。

至于说低能的电磁波有没有害处，大家都在试图找到证据，一直未果。举个不恰当的例子，X 光这样的高能射线就像子弹，打到身上就直接倒地去了另一个世界，而无线电波就像小朋友丢沙包，没什么伤害力，但如果是 100 个、1000 个或者 10000 个小朋友一直向你扔沙包呢？其实现在科学家试图发现的，就是到底小朋友能不能靠人海战术把人砸死，如果能，要多少人。目前的研究还没发现有被沙包砸死的人，但是科学家都很认死理，还在研究中。

了解了电磁波这个概念后，我们言归正传，说一说电磁炉的伤害性问题。比起我们之前说的微波炉的问题，电磁炉“死”得有点郁闷。因为电磁炉本身根本不是靠电磁波来加热的。这个时候让我们一起嘲笑一下电磁炉厂商，老老实实直译英文名字 Induction Cooker 叫感应炉不就好了，非起个“电磁炉”的名字来吓唬大家。

电磁炉的工作原理是建立一个变化的磁场，根据电磁感应原理，在变化磁场中导体里的电子因为运动而产生电流，加热锅体，从而实现烹饪。因为它是靠感应来传递能量，所以电磁炉的能量只会传递给磁性的物质。于是，有些人会乐此不疲地用电磁炉的这个特性来演示各种趣味试验。

分别把冰块和盛水的器皿放置在电磁炉上，用半边炉子烧水，而另外半边炉子上的冰不会融化。

隔着报纸来烧水做菜，纸不会被点燃。

不过，在电磁炉工作时会影响周边的磁性物质，所以装了心脏起搏器的人须要注意与电磁炉保持距离，手机和手表也不要贴在工作中的电磁炉上。

由于前面提到的“运动的电子会释放电磁波”，电磁炉也是会发射电磁波的。变化的磁场会产生一定的电磁波，不过电磁炉的工作频率是二十多赫兹，是人民广播电台的四千分之一，手机的四万分之一，微波炉的十万分之一，可见光的几百亿分之一。基本上这已经不是丢沙包的程度，是在考虑用唾沫星子杀人的可行性。

如果你还是担心电磁炉有辐射，有效的解决方法不是穿防辐射服，而是买一个和电磁炉尺寸一致的锅，把电磁炉工作面积覆盖上，可以很大程度地减少本来就少得可怜巴巴的电磁辐射。

对于电磁炉的辐射，并没有某些帖子上说得那么可怕。其实，在火锅店，电磁炉要比煤气炉、酒精炉更安全。有不少在吃火锅时，由于添加酒精不当引起爆炸的事件。比起那些对生命直接的危害，安全的电磁炉那点辐射，根本不算什么。家长们对一个事物产生的危害，起码要保持正确的认识、了解，而不是听别人说、看别人做。在生活中，有自己基本的判断力和对真相的好奇心，就会少些束缚，多些自由。

从地暖辐射看谣言帖的诞生

温馨提示：爸爸阅读本文章后将：热学 +2，抗辐射能力 +10%，抗骗能力 +2。

因为大部分开发商是将新房的暖气装成了壁挂式，所以在装修初期，大家都会考虑要不要改地暖。地暖被制造商打造成现代生活品质的象征，既节省空间又达到了美观保暖的目的。这是目前比较舒适的一种采暖方式，因为室内温度比较均衡，非常适合有孩子和老人的家庭。

由此，问题便来了。因为大众对一个新事物的不了解，总会有人用各种方式放大它的危害，甚至扭曲。最近总有爸爸妈妈发给我们那篇《地暖辐射 6 大危害》的文章，我们也一次次地解释，但还是惊奇这篇文章传播为何如此之广。它到底讲了什么，让爸爸妈妈们如此惊慌呢？

地暖是地板辐射采暖的简称，是以埋在地面下的散热器，通过地板向上传递热量，来达到取暖的目的。现在生活中，地暖主要分为两种：水地暖和电地暖。目前国内主流的是水地暖，靠集中供应的热水，或者家里的天然气炉或电炉加热水，然后将热水通过地面下的管道贯穿全家，实现升温御寒的目的。可怎么升温呢？中学物理课本上是这么说的：对流，传导，辐射。

热对流主要是液体或气体中较热部分和较冷部分之间通过循环流动使温度趋于均匀的过程。对流是液体和气体中热传递的特有方式，气体的对流现象比液体明显；热传导是水地暖的主要传输模式，热量从水、管道传递到地板，然后再加热空气。而热辐射是一种物体因自身的温度高而具有向外发射能量的本领，以电磁辐射的形式发出能量，温度越高，辐射越强，属于是电磁辐射中最常见的一类。就如，我们之前分析电磁炉的时候曾经说过的：这个宇宙里面任何物体都是电磁辐射源，所以脱离强度来讨论辐射是毫无价值的，离脑细胞最近的辐射源就是旁边的那个脑细胞。

对于热辐射的强度，最重要的衡量标准是温度。水地暖的主要热辐射来自于热水——60 摄氏度左右的热水。细想一下，你害怕 60 摄氏度热水的辐射吗？这也许还没有北京早高峰时，地铁里人肉的热辐射量高吧。

另外一种小众派的电地暖，它的能量转化率非常高，电地暖厂家打出的口号是 99% 以上，也就是电磁辐射量最多不过是发热量的 1%，而这么小的量还是以低频电磁波方式来传递，人畜无害的。

和世间万物一样，地暖也有辐射，不过无论是水地暖还是电地暖，都是以红外线的热辐射为主，完全不需要担心对人体有什么辐射伤害。不过，给地暖澄清，并不是我们写这篇文章的主要目的。在了解事物真相的同时，读者更应该知道自己是如何被骗的。不能因为不懂，就活该成为利益链中的“奉献者”。

在我们解答家长疑问时，查阅了不少资料，发现《地暖辐射 6 大危害》这篇谣言帖的诞生和发酵的曲折经过是那么离奇。当弄明白这个过程后，我诚觉世事皆可原谅，因为根本不知道要去怪谁了。

这篇文章在微信上开始流传是 2014 年 4~5 月份的事情。不过，在互联网上可搜索到的最早记录大概是十年前。2005 年 3 月，“搜狐健康”发布了一篇文章，不过影响力不大。同年 11 月的时候，当新华网和中国网这几个国资媒体发完此文章后就开始大范围流传了。不过那个时候这篇文章可不是现在的标题，而是《电磁辐射的六大危害》。两篇文章除了标题中“电磁”和“地暖”两个字不同外，通篇文章都是一模一样的。3 年后，2008 年 5 月，一个搜狐博客将这篇文章复制粘贴，把“电磁”替换成了“地暖”后，就成了现在流传的这篇地暖辐射的文章。这个博客当初发了几篇文章就不再更新了，也无法知道这么偷梁换柱是个人爱好还是另有幕后原因了。又过了 6 年，2014 年 4 月，这篇文章被某个主打暖气片的公司发布在了微信上，加上各个唯恐天下不乱的微信营销号们的摇旗呐喊，终于开始席卷了整个微信朋友圈。不过好笑的是，这个公司最近还通过一些媒体发文说自己是大公司不可能发那篇文章，浑然不管那篇文章还挂在自己微信内容的历史记录上。

其实，发布谣言没问题，有利益驱使做坏事也可以，但是做完后不认账就太欺负人了。就这样，用了近十年的时间，通过门户网站、国资媒体、个人博客、行业企业和微信营销号们的不懈努力，在各种利益驱使下，一条传播恐吓数百万人的微信谣言就这么出台了。在谣言和辟谣的战争中，我们面对的敌人是这样一个庞大的集合体。能怪谁骂谁呢?真是诚觉一切皆可原谅。

被冤枉的荧光剂

温馨提示：爸爸阅读本文章后将：洁净度 +4。

最近关于荧光剂的问题满天飞，用人心惶惶来形容是最贴切的了。某位读者说她的朋友已经买了紫外笔，准备将测出有荧光剂的衣服都扔掉。她觉得衣服上的荧光剂会对小朋友的身体产生影响。面对影响健康又涉及钱的事情，我们一向都很严肃。但这个问题，却让我们有点哭笑不得，有种为荧光剂喊冤的冲动。家长朋友们真是冤枉了荧光剂，更是冤枉了衣服上的荧光剂。

我们先来了解下荧光剂这个大家族。

从严格意义上来说，讨论“荧光剂”就和讨论“添加剂”一样，都没什么价值。因为没有一种单独的物质叫“荧光剂”，它是很多种物质的统称，这些物质只是因为有一种共同的特性，就被统称为“荧光剂”了。在现代汉语里，荧光是一个被滥用的词汇，它包括了多种不同原理的发光现象，比如将高能射线转化为可见光的荧光灯、荧光剂；比如将高能射线能力存下来慢慢放出可见光的鬼火；比如有生物化学反应发光现象的萤火虫；又比如演唱会门口卖的借人工化学原理而发光的荧光棒。如果一开始我们都用荧光剂的另一个常用名字——荧光增白剂，那么就会减少很多认知混乱。荧光增白剂听起来就比较明确了：这是一类染料，目的是增白，原理是吸收不可见的紫外线，转化为偏蓝色的可见光。大部分衣服用久了或脏了会发黄，蓝光可以与衣服的黄色互补，从视觉上看会觉得变白了。从而，达到给衣服增白的效果。

当我们在百度百科上搜索荧光剂，就会发现网页上赫然写着两个字——有毒。在之前的文章中我们有提到过，这个世界上没有东西是纯粹无毒的，在化学界，抛开浓度说危害的都是耍流氓行为。水喝多了，会中毒；氧气吸多了，也会醉氧的。所以，认识一个物质，不是给其贴上有毒的标签就可以了，这并不是人们认识事物的核心点，而有多少毒性，属于剧毒还是低毒，才是重点。

荧光剂的种类有很多，我们主要说一下生活中接触较多的二苯乙烯类荧光剂的毒性。这类荧光剂经常会被小朋友们误食，它多用于洗浴用品和纸张中。二苯乙烯（Stilbene）是在乙烯两个碳原子上，分别接上一个苯环。这类荧光剂之所以需要重点说，是因为它会用在造纸上，而纸是一种重要的食物包装材料，因此，纸里的荧光剂是最容易进入人的身体。

那么，二苯乙烯类荧光剂的口服毒性有多高呢？经过试验得出口服毒性为 LD50（吃死一半老鼠的量），大概在 1000mg 到 2000mg。我们最爱用的对比物——食盐是 3000mg，维生素 A 是 2000mg，咖啡因是 192mg，河豚毒素是 0.02mg。与这些对比物比较后，你会发现二苯乙烯类荧光剂的毒性并不算剧毒，和食盐类似。那么，毒性不高的荧光剂为什么会被拿出来说事呢？

其实，荧光剂被大规模使用已经有一百年历史了，被念叨也并非一天两天了。也许真应了“富人多怕死”这种说法。从上个世纪 60 年代环保潮开始，变得怕死的欧美人民开始研究各种感觉可能会对健康造成影响的因素，其中就包括荧光剂。经过几十年孜孜不倦的研究，各国科研人员发现荧光剂最大的危害是：如果吃了荧光剂，又暴露在 UV-C 紫外线下，体内会生成肿瘤。除了这项结果外，科研人员在对荧光剂几十年的研究中，并没发现什么值得警惕的问题。这导致最近几十年大家都懒得研究荧光剂了，因为写不出论文，也就拿不到经费。

对于科研人员研究出的那项结果，是需要辅助条件的，如果吃了荧光剂，缺少 UV-C 紫外线的照射，也并不会长肿瘤。而 UV-C 这个东西，地球可爱的大气层都替我们挡住了，除了宇航员需要小心一些外，人们是接触不到的。所以二苯乙烯类荧光剂能使人患肿瘤的几率，微乎其微。

衣服里的荧光剂种类与二苯乙烯类荧光剂不同，这种荧光剂虽然直接接触皮肤，但不容易被小朋友们误食。为什么我们一直拖到文章结尾才开始说，是因为讨论“皮肤吸收荧光剂就得癌症”之类的问题，实在太无趣了。人的皮肤不是吸收器官，而是起防御作用。防止外来物质进入人体，形成人最重要的防护组织。水、酒精这些小分子穿透严密的表皮组织已经是极限，像荧光剂这种大分子结构，是穿不过皮肤的表层的。既然荧光剂无法浸入皮肤危害身体，对于衣服上的荧光剂便没什么好担心的了。

虽然衣服中的荧光剂不会对人体造成生命危险，但荧光剂也不是安全，不被限制的。唯一需要注意的，是一些特殊敏感人群的皮肤过敏情况，这也是一些国家限制衣服或者卫生巾中使用荧光剂的主要原因之一。至于那些认为卫生巾中荧光剂会导致子宫疾病的人，大可放心，二苯乙烯的两个苯环没有长腿，并不会进入子宫。

一些国家限制衣服或卫生巾中使用荧光剂，多是出于过敏安全的考虑，但荧光剂作为过敏原的事发几率并不大，相比对羊毛、化纤这些衣服材质过敏的人群要远多于对荧光剂过敏的人。大多数人与其担心因荧光剂过敏，还不如感谢一下荧光剂具有吸收紫外线的优点，对比过敏的几率来说，降低皮肤癌患病的概率还是要大一些的。

一些国家和机构对荧光剂的限制使用，更多是因为环保主义者担心这类只是为了让物品更“漂亮”的物质，会对环境造成长期的影响。荧光剂对人体来说，还是一种比较低毒的物质。因为担心荧光剂的危害，而害怕到扔衣服，则是完全没有意义的。难道，以后去买衣服都要携带一支紫外笔吗？有这样的时间和精力，倒不如去认真了解下“荧光剂”，而不是盲目地采取“听来”的方法，这才是爸妈们应该给孩子们展现和作为榜样的正确的处世风格。

洁厕灵和 84 消毒液同用，真的会中毒吗？

温馨提示：爸爸阅读本篇文章后将：化学 +2，识毒能力 +2。

生活在现代化的社会里，危险随处都在。所以每当出现用家中常见的物品结果出现死伤悲剧的新闻，都会被传播得很广。就比如现在我们要说的这则新闻——

“北京丰台区的王女士，清洁自家的卫生间和马桶时，在倒入洁厕灵后随手将 84 消毒液也倒入其中，没想到劳动完毕走出卫生间后，突然晕倒，被送往医院，经抢救无效，死亡！王女士被诊断为氯气中毒。”在新闻发出后，网络上便演绎出了多个版本的“王女士氯气中毒”事件，同时，也成了微信朋友圈中阅读量较多的一篇生活帖。各种微信生活大号纷纷呼吁，提醒大家注意不要同时使用洁厕灵和 84 消毒液。

84 消毒液和洁厕灵放到一起，会生成氯气吗？答案是会的。因为两者中分别含有次氯酸和盐酸，在一起反应，就会生成氯化钠、水和氯气。这一点根据我们高中化学的知识，就能得出。不过，生成的氯气能不能毒死人则又是另外一回事情。一般清洁卫生间、马桶之类的 84 消毒液使用前是按照加 24 倍水稀释，然后再使用，稀释后氯含量在 500mg/L，清洗马桶用的量不会太多，按 2~3 瓶盖计算，氯含量在 50mg 左右。根据反应方程式：$2HCl+NaClO=NaCl+H_2O+Cl_2\uparrow$，即便洁厕灵倒得再多，生成氯气量最多是 84 中氯含量的 2 倍，也就是 0.1g。而氯气的致死浓度是 1000ppm，乘以密度，也就是 1 立方米里面要有 3.2g 的氯气，才能把人毒死。你可以算算自家卫生间多少立方米。

所以，84 消毒液和洁厕灵被混合后，产生的氯气并不能达到致死浓度，但混合后释放出的刺鼻气味会让人多少有些难受。通常情况下，使用洁厕灵清洁马桶时，没有必要再混入 84 消毒液，因为洁厕灵的清洁力已经足够。如果你有重度强迫症，不放 84 消毒液再进行消毒就不放心的话，那么请在劳动时打开卫生间的窗户或排风扇进行通风散气。在使用有刺激性气味的产品时，最好保持屋内的空气流通，不要让自己置身于密闭空间中。否则，真应了那句话“不作死，就不会死”。“王女士中毒”的新闻并非一个常见现象，媒体没必要大说特说，把结果严重化。也许是新闻呈现不完全，或媒体断章取义，忽略了王女士在有刺激性气味的环境中工作时间较长，而引发了自身的某些疾病导致中毒身亡的可能。如果单靠 84 消毒液和洁厕灵混合产生的氯气，是不可能引起致命毒性的。

来跟大家讲一个发生在一百年前的故事，你就知道“氯气”到底可不可怕了。1915 年的 4 月 22 日，在比利时小镇伊普雷，法军阵地被狂轰滥炸了一顿之后，士兵发现有一片黄绿色的云贴着地面飘过来了。当这片云随风飘到法军阵地里面的时候，大批的士兵出现咳嗽、窒息的情况，10 分钟内，几千法国士兵伤亡殆尽，不过德国人也没敢贸然进攻，当晚，隔壁班的加拿大人跑过来帮法国人守住了阵地。

这是人类历史上第一次真正意义上的化学武器战争，主角就是害死王女士的氯气。不过德国人用近 6000 发炮弹发射了 170 吨的氯气，效率远比不上一天干掉 60000 英国人的马克沁重机枪好用，更比不上几瓶盖就能害死王女士的消毒液。没多久德国人就再也不用氯气了，因为作为毒气，氯气太不好用。除了第一次蒙法国人没见识还比较有效，以后氯气的战果就太差了。要靠风吹着跑，风向一变就祸害自己了，风小了敌人跑掉，风大了刮散了毒不死人。

其实，在实际生活中出现氯气中毒，基本上都是在工业生产和运输环节发生大量泄漏，由于人们逃避不及，或者范围太广，最后导致中毒。氯气中毒后，应迅速撤离污染区域，用清水清洗被污染的皮肤，吸入氧气保证呼吸道畅通，同时赶快拨打 120。

回来说王女士的故事，如何避免日常生活中将 84 消毒液和洁厕灵放一起产生氯气中毒呢？第一条就是，别这么干！原文中有一个绝妙的语句“王女士闲来无事”，咱能不闲来无事地跑去用一大堆东西洗马桶吗？用这种清洁消毒类的产品要格外小心一些，很多都是含有强酸强碱的成分。尽量少用，更不要几种混起来图效率高。

让我们还原一下事发经过，如果王女士真的被氯气毒死了，事情是怎样发生的呢？

1. 王女士闲来无事往马桶里倒了两种自己搞不清的液体。

2. 两种液体倒在一起咕咕咕的冒气泡，王女士视而不见。

3. 冒出来的氯气是浅黄绿色的，事实上氯的英文名字就来自古希腊文“浅绿色”，中文名字就更不用说了，不过王女士还是视若无睹。

4. 氯气带有刺鼻的气味，但是王女士可能重感冒鼻塞闻不到，或者甘之若饴。

5. 氯气比空气沉很多，所以如果从马桶冒出来就会沉到卫生间地板上，因此王女士需要把头钻到马桶里或贴到地面上，呼吸几分钟才能中毒。

6. 氯气不会让人猝死，而是会让人咳嗽、嗓子疼、喘、胸疼等，但是王女士坚强地毫不在意。

所以从新闻和事件常理分析的角度来看，这个新闻虚假或者夸张的部分更多。即便出现将两者混用导致氯气生成的事故，能最终致死也是很不可思议的事情。虽然各位读者应该更小心使用消毒剂，而且不要擅自混用，安全存放，但也不需要因为这样一个故事就过度紧张。

如何减少儿童的眼疲劳，LED 阅读灯是最好的选择吗？

温馨提示：爸爸阅读本文章后将：视力 +0.2，光学 +1。

在孩子的成长过程中，“视力”是家长朋友们比较关心的一个话题。自孩子上学后，这种关心就变成了担忧。很多家长都怕孩子写作业或看电视、电脑时间长，出现眼疲劳，长期会导致近视。如果爸爸妈妈都是近视眼的话，这种担忧还会加上一条“遗传”的因素。为了防止孩子早早近视，家长朋友们纷纷购买 LED 灯。这种“LED 护眼灯”是真的能保护眼睛，还是只是个噱头呢？除了 LED 灯，还有没有更好的选择？而眼疲劳是否真能演变成近视，又怎样减少眼疲劳？这都是家长朋友们容易被忽悠的几个问题。

在讨论光线对眼睛的影响前，先明确一个问题，眼疲劳不是近视。

关于近视人类研究了几十年，但对于人为什么会变近视仍然说不清楚，唯一能确认的是找到了一大堆的近视基因。虽然有人研究近视和户外运动、阅读时间等的关系，但给出来的结论都是："说不准""有可能""大概""估计"。因为结论不清晰、样本很少、研究方法不严谨，这些研究的说服力很低。现在美国国家卫生研究院官方口径仍然是："没有任何已知的有效的预防近视的方法。"而我们今天说的眼疲劳，是否能导致近视？答案是：没有明显的因果关系。相比遗传基因这个统治性因素，用眼习惯的影响并没那么明显。看看身边的小伙伴们有大把的谨慎小心仍然高度近视，或者半夜拿手电筒通宵看小说也不近视的案例。换句话说，你爱护或者不爱护眼睛，也就是在你的遗传基因上加减一个小砝码而已，决定不了你的眼睛的根本命运。这个世界上没有比我们这些"四眼族"更爱护眼睛的了，结果我们还是近视。

当然，我们不是让你放弃保护你的眼睛，可以随意用眼，忽视眼疲劳。即便不考虑近视，眼疲劳也会带来一些严重的身体问题，例如眼睛干涩、酸胀、头晕以及一系列后续问题和眼疾。如果把眼疲劳视为身体自发的警示，那么这种不舒服的感觉是在提醒你：大脑累了，该休息了。

通常，日常生活中引起眼疲劳的主要原因是睫状肌长期处于紧张状态。也就是你长期盯着一个物体看，就会造成眼疲劳。而眼疲劳的强度则主要取决于两点：光源闪烁的频率和光的强度。但不管是什么光源，长时间看书或看屏幕一定会带来眼疲劳，只是时间长短罢了，注意让眼睛休息才是最关键的。

眼疲劳主要是长期注视一个物体造成的，所以日常生活中最需要注意的是阅读光线。不需要担心比如“睡觉前在昏暗灯光下和宝宝聊天是否会不好”这样的问题，因为北欧人民半年不见天日也没患眼疲劳。相对于专注阅读（书或屏幕），眼睛在看运动物体或者动态图像时，对亮度和闪烁频率会宽容得多。比如 65 Hz 的 CRT 显示器能恶心死你，但 24 Hz 的电影，看 2~3 小时也没觉得累，因为人会用残留视觉把图像连贯起来，这可能就是传说中的“脑内补完”。

从 CRT 显示器年代走过来的老一辈网虫都还记得，在那个岁月，如果显示器刷新率在 75Hz 以下，会晃得你眼睛疼，它清楚地告诉我们阅读光源在 75Hz 以上才会舒服。而现在的家庭中阅读环境的光线闪烁频率则更复杂一些，**比如平板电脑和笔记本取决于屏幕背光频率（几百 Hz 以上），而阅读纸质书和电子墨水阅读器则取决于环境光的闪烁频率。**白天日光是不闪烁的，则不会出现问题；而晚上室内的环境光频率就和你使用的灯相关了。国内交流电频率是 50Hz，所以你家吸顶灯的荧光灯管和台灯的节能灯泡的闪烁频率是它的两倍，每秒 100 次，没有 iPad 的背光频率高。**也就是说，在日光灯下看书，要比看 iPad 更容易导致眼疲劳。**

假如你使用的是高频 LED 灯泡，那么光源闪烁频率可以达到每秒几万次，对缓解眼疲劳是很有帮助的。虽然大部分人的眼睛感觉不到太多差别，但 2012 年英国埃塞克斯大学的一项研究显示，学生在高频

LED 灯光下的阅读表现的确要好于日光灯。不过，除了 LED 护眼灯，还有一个更好的选择：古早味的白炽灯，因为白炽灯泡是电流加热钨丝发光，所以在直流电下，它是不闪烁的；如果是交流电，会有明暗的周期变化，但不会亮灭闪烁。

按着上述光源闪烁的频率购买了一个称心如意的灯泡后，不要忘了影响眼疲劳的另一个因素：光的强度。在一个亮度合适的日光灯下阅读，会远远好过一个过亮或者过暗的 LED 护眼灯。在夜晚睡觉前昏暗的床灯下，有背光的 iPad 或有前光的 Kindle Paper White，会比纸书或老 Kindle 对眼睛的影响要好很多。在中午阳光直射的高亮度环境下，看什么都会让人很快眼疲劳，这也是长途自驾游时司机是“保护动物”的原因之一。

总的来说，家长朋友们需要注意的是看书或看屏幕久了就会眼疲劳，虽然和近视不挂钩，但也会带来其他眼睛疾病。对此，美国疾控中心 CDC 给出的建议是 20—20—20，就是阅读 20 分钟，然后看 20 英尺（7 米）远的物体 20 秒。这一点是大人和孩子都应该养成的用眼习惯。同时，除了自觉控制用眼时间外，还需注意阅读用的光源。不同情况下人需要的光源是不一样的，对于阅读来说，光源频率越高会越好，但没有本质差别。家中的吊灯用什么类型的灯泡都没有问题，但阅读灯用白炽灯泡会更好。因为合适的阅读光线亮度对缓解眼疲劳的好处，远大于买一个昂贵的 LED 护眼灯。虽然从光源的频率方面来说，LED 护眼灯比较占优势，但当其亮度过亮或者过暗，也不是阅读灯的最好选择。并且要注意一点，不要把灯泡安装在人容易直视到的角度上，在阅读容易反光的铜版纸书籍或者玻璃屏终端时，也最好不要让灯光直接反射到眼睛里。

养成良好的用眼习惯，最终的目的不是防止近视，而是减少一些眼睛疲劳带来的相关疾病。教给孩子科学用眼的方法和良好的阅读习惯，远比盲目听从广告给他买一台护眼灯要好得多。

iPad 会伤害孩子的眼睛吗？

温馨提示：爸爸阅读本篇文章后将：物理学 +2，千里眼 +1。

在我们小的时候，家长总会说：不许看电视，对眼睛不好。等我们长大了，有了孩子，也有些家长会控制孩子看电视的时间，甚至有一些家长干脆不买电视。而在手机、平板电脑如此繁盛的今天，家长朋友们除了操心电视，又多了几样操心的物品。这些“伤害孩子眼睛的”物品中，家长们最为担心的便是 iPad。

是否可以给孩子使用 iPad 是父母很关心的问题，尤其是怕对孩子的视力有不好的影响。那我们现在就具体地分析一下，iPad 到底会不会伤害孩子的眼睛。

在上篇文章中，我们提到过关于眼疲劳并不是近视最重要的原因。而为什么我们会近视还没有科学上的定论，不过可以明确的是最重要的原因还是基因。遗传学家已经找出了一大堆导致近视的基因，很不幸的是东亚人种中奖率最高，全世界近视比例最高的国家是新加坡，达到了 80%。

当然基因不会决定一切，比如研究结果显示高智商人群的近视会远高于一般人群。这种结果可以有两种解读方法：1，近视的人就是聪明；2，书呆子看书看太多了，所以容易近视。请根据自己视力情况各取所需。

我国高中学生的近视比例约是 77%，大学生则超过 80%（欧美则是 50% 左右）。换句话说，假如你计划让宝宝未来至少读到高中，那他八成（真的是八成）就会近视了。这是每个中国父母都应该有的觉悟，尤其本身就是近视的父母，请不要抱着不切实际的幻想。

我们身边就有几个很有代表性的案例，父母怕孩子近视，家里干脆没有电视，更不要说 iPad 和电脑。但结果小朋友仍然早早地义无反顾地戴上了眼镜，度数也在持续稳定增长着。我们这一代人大多数是从大学之后才开始长时间接触电脑的，小时候不是电视儿童，没有 iPad，但仍旧是几乎全民近视。上学读书、做作业的用眼程度，足够引发绝大部分中国孩子的近视基因了。家长应该做的是了解什么原因造成了眼疲劳，而不是将 iPad 粗暴地从孩子的生活中剥夺掉，毕竟电子化是未来的娱乐和学习不可逆转的大趋势。

眼疲劳没有那么神秘，眼睛疲劳度和身体其他部位疲劳度其实是有共性的，高强度的使用、缺乏保护、长时间保持一个姿势，身体任何一个部位都会更容易疲劳，眼睛也是如此。

1. 阅读 / 观看时间长短，一天 10 小时，一定比一天 1 小时容易疲劳。

2. 阅读 / 观看距离，过近的距离会比适当稍远的距离更容易疲劳。

3. 阅读的光线，包括阅读物体的亮度、闪烁频率。

对于 iPad 和纸质书来说，上述前两点没有什么差异，但在第三点上会有很多不同。iPad 的光线来自自己屏幕的背光源，纸则是不会发光的，光线来自外部光源，比如阳光、台灯。和让我们曾经吃尽苦头的 CRT 显示器不同，目前平板电脑和笔记本使用的 LED 背光源频率一般是在几百 Hz 以上，对眼睛已经没什么不良影响。和纸质书或者无背光 kindle 比优劣不一定，取决于后者的阅读光源是什么：阳光是不闪烁的，白炽灯只有明暗变化也不会闪烁，LED 灯泡闪烁频率很高，这几个是优于 iPad 的。而日光灯或者节能灯闪烁频率在 50Hz，就不如 iPad 了。

光线亮度对视疲劳也有很大影响，为了减轻疲劳，阅读应该有足够的亮度，同时和环境亮度保持平衡。如果关掉房间的顶灯，在黑暗房间里一直看一个很亮的物体，那么你很快就会眼睛疲劳。

读纸质书籍时，你最好选择一个亮度可调节的台灯，而使用 iPad 时则需要开启亮度自适应功能。当然最好的方法是打开顶灯，不要在一个黑暗环境下长时间阅读。所以纸质书和 iPad 本身对视觉疲劳并没有明显的优劣差异，甚至在一个亮度不对或者闪烁的光源下看纸质书，还不如看 iPad 对眼睛好。无论是看 iPad 还是看纸质书，控制时长，不要长时间阅读，才是减轻眼疲劳最重要的因素，除此之外，还需要注意的是：

1. 选择合适的光源，保持在一个亮度适中的房间里面阅读。

2. 开启 iPad 的亮度自适应功能，保证屏幕亮度和环境亮度的合理对比度。

3. 对于习惯给孩子用书或者 iPad 看晚安故事的父母，请控制好时长，不要让孩子在昏暗房间中长时间阅读。

4. 提醒孩子定期休息，阅读的时候有意识的眨眼，缓和疲劳。

5. 阅读什么比用什么阅读更重要，选择合适的内容才是关键的。

在遵循上面的前提下，根据美国 Robert Wood Johnson School of Medicine 的一项研究显示，对于患有黄斑疾病等视力问题的人群来说，使用 iPad 会比纸质书更好，因为 iPad 字体更容易分辨。在阅读纽约时报电子版和印刷版同样文章的对比实验中，iPad 组每分钟可以比印刷组多阅读 42 个单词。

iPad 或其他品牌的平板电脑为我们的生活带来很多的便捷与快乐，也为孩子的成长提供了很多认识世界的媒介和方法。家长朋友真正要担忧的问题，不是会不会对孩子的眼睛造成伤害，而是如何让它在孩子的成长过程中发挥积极的作用。面对新鲜事物，要学着去全方面了解它，正视它的缺点，并想办法避免；运用它的优点，并服务于自己。

夏天饮料能不能放车里？

温馨提示：爸爸阅读本文章后将：高分子化学 +2，水润度 +4。

在夏天，车里是否适宜存放饮料是有车一族非常关心的一件事。网络上常有类似的文章，提醒大家注意。按着他们的说法，你如果长期喝放在车中的饮料，就容易得各种癌。不少人看后对此深信不疑，虽然也说不出夏天车里的饮料发生了什么不好的变化。也有不少人对此抱有怀疑态度，干脆不予理会。

这个问题能引起人们担忧的主要原因是夏天车里的温度会变得很高，最热可以达到 70 摄氏度左右，而高温会导致塑料瓶释放各种有害物质。就如网络上传播的那些文章一样，有些有点品位的媒体或作者会说一下释放了什么有害物质，没品的就吓唬两句这个癌那个癌，然后举个某国的例子。我们都知道生活中不会有无来由的言论，任何言论都是有其引发的根源。也许发生的是一件很小的事情，但经过多人的传播，小事也就变成了另外一件事，或者已成了大事。那么，想了解真相，还得去研究事情本身。夏天汽车里的饮料到底产生了什么有害物质？我们就从高分子化学专业的角度来分析一下。

首先，问题的前提是你买了一瓶合格的饮料或水。它是正规厂家生产的，所以瓶子也符合国家安全标准。买到的饮料或水瓶上应该会有一个数字 1，表示这是 PET 材质（聚对苯二甲酸乙二酯）。有媒体称这种瓶子用 10 个月就会让人致癌，这种说法让 5 年保质期的避难用矿泉水情何以堪。而有媒体攻击 PET 材质，认为 PET 原材料有毒，而经过加热，毒素会浸入水中。还有媒体说 PET 加热会水解，分解出有毒物质。甚至，还有些文章会把 PET 误认为臭名昭著的塑化剂 DEHP(邻苯二甲酸二辛酯)。这些都是在写这篇文章前，搜索资料时发现的，不禁感慨互联网带来的知识混乱简直可以把白的说成黑的。

那么，我就详细了解一下 PET（聚对苯二甲酸乙二酯）和 DEHP(邻苯二甲酸二辛酯)。除了"苯二甲酸"这几个字一样外，PET 和 DEHP 真的完全不沾边。从分子结构上来看，一个是邻位，一个是对位，苯环上这两个位置转换，可不是转表针这么简单。谁要是觉得能将

PET放车里待一会儿就变成了DEHP，那么恭喜你，诺贝尔奖就到手了。而生产PET和DEHP的原材料也是不一样的，如果PET放在车里会变成DEHP，那应该也能变成和DEHP非常像的DMP（邻苯二甲酸二甲酯）——著名的避蚊油。以后在夏天，家里放几个被晒过的塑料瓶子就好了，还要蚊香干吗。

对于原材料有毒的说法，之前我们也有提到过，在化学界，并没有无毒一说，任何东西都是有毒的，比如水、空气。我们要关注其毒性的大小，而非单凭“有毒”两字就妄下定论。PET的两个原材料，对苯二甲酸和乙二醇的毒性指标LD50(毒死一半大老鼠的量)，口服两个都在6g/kg上下，换句话说，直接喝一听原材料，能毒死人的几率为50%。举个生活中常接触到的例子，食盐的毒性是3g/kg，比这两个高一倍。而且就算在瓶子里有一些残留的原材料分子，那会是什么状态呢？ PET的分子量是2万~3万，大概是几千个碳、氧、氢纠结在一起的一条长链，而一个瓶子里面大概有10后面20个零这么多长链分子打成一锅粥，可以想象一下让一个可怜巴巴的原材料分子从这锅粥里跑出来是多么为难人的一件事情。

当然，在瓶子制作过程中如果不小心的确会有对身体有害的副产品或者原料混进来，这就是为什么国家要制定标准的原因。如果你买的是合格的饮料，那么即使在70摄氏度下也不需要担心；如果你买的是不合格的，那不管在多少度的环境下瓶子都会对身体有影响。

其实，PET 材质的瓶子有一个好处就是对环境污染小，回收之后可以水解成原材料然后再利用。而这个优点也成了被攻击的一个方面，PET 加热会水解，分解出有毒物质。可大家应知道，这种水解在工业上一般是在 200 摄氏度高温高压加上强酸强碱或者催化剂的条件下来进行的，否则反应速度会慢得让人心烦。在 70 摄氏度的环境下，这种水解反应基本上是可以被忽略的。当然，会水解吗？肯定会有一些，不过 PET 水解速度在 30 摄氏度到 70 摄氏度之间的变化并不大。一瓶水放超市或存储在家中 1 年也不需担心，同放车中几天的情况是一样的。

PET 这种高分子材料，特点之一就是没有无机材料的“固液气”三态。学高分子的同志最恨的一个词就是“熔点”，你说起某个塑料的熔点是多少的时候，他一定会恶狠狠地告诉你，“熔点，那叫玻璃化转变温度”。简单来说，就是高分子材料在加热的时候，会从硬邦邦的玻璃状态，变成如橡胶感觉的弹性物质，然后变成黏黏的类似液体的状态。在这个变化中，也没有化学反应发生，因此不需要担心生成了什么有毒物质。

上述这些就是为什么我们不需要过于担心将瓶装饮料放到车里的原因。那有什么是真的需要我们担心的呢？除了增重费油以外，下面这些才是真正需要家长们担心的问题。

有不少人离开车时，经常会忘了将喝了一半的水带走。当隔天再回到车里时，你就应该担心瓶装水里是否有细菌滋生的问题了。细菌才是对瓶装饮料的最大威胁，为什么有的矿泉水保质期好几年，而有的就几个月，不是后者厂家有良心给你喝新鲜的水，只不过是对自己灌装过程中是否能保持无菌比较没信心罢了。

如果车中存放有碳酸饮料，那么你要注意下爆瓶问题。对于碳酸饮料而言，车里的高温的确是有危险的，高温会导致二氧化碳的溶解度降低和气体分子运动加快，综合结果就是瓶子里的气压要比室温高不少，所以会更容易出现爆瓶的可能。其解决方法除了别放车里外，还可以买一些瓶子设计得比较朴实无华的，因为造型复杂的 PET 瓶子在制作过程中的拉伸性不好，容易造成应力集中，因此更容易爆瓶。

对于夏天在车中存放饮料这件事情，除了碳酸饮料外，没必要太担心饮料放车里的问题，但是开了瓶的饮料就要尽快喝完。居家生活，应该担心该担心的，不要浪费感情在这些谣言上面给自己的生活添乱。对恐慌思想瘦身，过一种极简生活吧。

宝宝食品用微波炉加热安全吗?

温馨提示: 爸爸阅读本篇文章后将: 电磁学+2, 不下厨房的借口-2。

目前,国内育儿知识中被大家传播较广的消息多半引用自夏威夷的Lita Lee博士,她提出的育儿问题多是让大家难以相信或能引起家长恐慌的。她曾指出:"奶粉中的一种氨基酸,L-脯氨酸在微波加热后被转变成其d-异构体,而这种异构体已知是具有神经毒性的,对肾脏也是有害的。"此言论一被传播开来后,这让许多爸爸妈妈不敢再给自己的宝宝吃微波炉加热的食品。最近,我们也经常接到读者的询问,微波炉真的有这么可怕吗?

其实,这种看似很专业的知识,也很好辨别真假。让我们先从微波炉的工作原理谈起吧。已经被世界人民用了半个世纪的微波炉,其原理简单地说是加热食物中的水。水分子虽然整体呈电中性，但是正负电荷分布的中心并不重合，所以整体来看仍然是一头带正电，一头带负电。在普通状态下，水分子的排列是杂乱无章的。可一旦外加电场后，水分子就会顺应电场调整自己的方向。微波炉可以看成是一台频率为 2.45 千兆赫的电磁波的发射器，这种电磁波的电场是呈周期性变化的，每秒钟就会改变 49 次方向，带动着水分子跟着它一起高速“做运动”。在水分子的相互摩擦中，产生热量，从而加热食物。在这个物理过程中，水分子的化学结构并没有改变。至于上文提到的 Lita Lee 博士，我们也搜索了一些她的资料，发现其实她的主业是自己在网上卖“包治百病”的保健品。她所提到的“d- 异构体”，或者按照她的原文《Microwaves And Microwave Ovens》提到的全称“d-Nitro Sodien thano lanines”来查找，所有的出处都在她的文章内，而是否存在此物质显然存疑。

在 Lita Lee 博士提出“微波炉加热能变异宝宝奶粉中的氨基酸”这个问题之前，大多数家长对微波炉还有另一种担忧，就是辐射问题。首先辐射可按能量的高低分为电离辐射和非电离辐射。电离辐射可以杀灭或损伤细胞，改变 DNA 结构，对人体有着显著的影响。而非电离辐射就没有那样巨大的杀伤力，作用在生物体上，最显著的效应也只是加热。微波炉的辐射就是属于后者。但不用担心站在微波炉旁就会被烤熟，微波炉发射的微波遇到金属正好会被反射回来，所以在微波炉内会有一层细密的金属网来防止微波泄漏。同时，微波的能量是按照距离的平方减弱的，在 10cm 外的地方，微波的功率就仅有 1cm 外的百分之一了。

其实，微波能把水烧开，并不代表它有多恐怖。再举个生活中的例子，在化学实验室里，微波试验仪是必不可少的，但由于仪器价格昂贵，所以不少实验室里就直接用微波炉来代替，在微波炉开个洞，焊根铁管上去，一边开着微波一边搅来搅去地做实验。如果微波真的有那么吓人，化学系的学生可能就没人能活到毕业了吧。

所以，微波炉加热过的食物不会有辐射残留物，同时，微波对人体的危害也远没有那么可怕。微波这个词大家听起来可能会觉得陌生，那么如果我告诉你，微波和太阳光都属于电磁辐射的一种，两者相比来说，太阳光的危害远大于微波。其实太阳是我们周围最大的电磁辐射源外加核反应堆，比微波炉更可怕。从科学的角度来说，全世界最普遍也是死亡人数最多的电磁辐射叫作晒伤。如果用微波炉加热的食品有辐射残留，那么在外面晒完太阳的东西拿到屋里也一定有辐射残留。在看各种谍战片科幻片中，夜视仪里人像是红彤彤的，这就是因为人体比大部分物体的热量要高，红外电磁辐射要强不少，与其害怕微波炉，不如担心公交车上那些人肉辐射更可怕吧。

抛开微波炉的这些看不见的危害来说，家长朋友们应该更注意微波炉带来的真实伤害。在使用微波炉的时候，有不少需要注意的地方，比如加热液体时，有可能会产生液体过热或者暴沸的现象。此外，由于微波炉加热食品是“由内向外”的，很可能表面摸上去不烫，内里的温度却相当高。所以在喂食婴儿时，一定要注意食品的温度，避免烫伤。对于冲调好的牛奶这类液体，如果觉得温度不够，建议还是用水浴加热，避免受热不均。不过为了防止细菌滋生，最好注意每次冲调的分量，一次没有喝完的话不要留到下次再加热喂给孩子。

在使用微波炉时，要注意所用器皿是否符合微波加热的标准。同时，对可以使用家用电器的孩子来说，教会他正确使用的方法，这比担心微波炉辐射有多可怕要更现实。

第二章

防止孩子“病从口入”的科学技能

隔夜菜到底能不能吃?

温馨提示：爸爸阅读本篇文章后将：宝宝健康 +2，化学 +2，辟谣能力 +2，借口不洗碗机会 -2。

“隔夜菜不能吃，因为含有有毒的亚硝酸盐”，这是一个很古老的话题。不知道有多少剩菜剩饭因为这个原因变成了厨余垃圾。在提倡节俭的今日社会，我们是不是也该真正认识下“隔夜菜”。到底隔夜菜里的亚硝酸盐是徒有虚名，还是真的可怕?

亚硝酸盐对人体有比较强的毒性是大家都比较清楚的，但是我们一贯的风格还是要把这种物质量化。用可怜的白老鼠做实验的时候，亚硝酸盐的急性半数致死量是每公斤体重 180mg。对人来说，一次口服 0.3g~0.5g 可以中毒。算是毒性很高的物质了，而且长期大量摄入还会增加患癌症的风险。

国家对食品中的亚硝酸盐有很严格的规定，对于原材料的菜和肉，要求分别是每公斤 4mg 和 3mg。因为食品加工会增加亚硝酸盐的含量，对于熟食中亚硝酸盐的含量上限则会高很多，比如熟肉制品是每公斤 30mg。

由于亚硝酸盐的毒性确实很高，最近这些年大家才对于含亚硝酸盐比较在意，比如熏肉，或食品防腐剂。但即便是很在意的人，他的身体里仍然会不可避免地有一定量的亚硝酸盐。因为我们重要的食物类型之一：蔬菜会带给我们亚硝酸盐。植物在自然生长的过程中，会从土壤里吸收氮，然后转化为自身需要的氨基酸。在这个过程中，会产生很多硝酸盐，同时这些硝酸盐又会不断地被还原成亚硝酸盐。

当植物生长在土里的时候，硝酸盐和亚硝酸盐之间的氧化还原反应是平衡的。而当植物被采摘下来之后，这种平衡会被破坏，植物中的亚硝酸盐含量就会不断地增加。如果你做菜用的蔬菜不是刚采摘几天的新鲜蔬菜，很有可能本身就是亚硝酸盐超标的。尤其是过去北京冬天唯一的蔬菜——冬储大白菜，肯定是亚硝酸盐超标的极品了。

即便是新鲜的蔬菜，吃下肚子之后，其中的硝酸盐仍然会被人体内的细菌还原成亚硝酸盐。肉食主义者这个时候可以出来欢呼了，至少吃新鲜的肉是不会给人体带来亚硝酸盐的，而吃蔬菜无论如何都无法避免。

除了蔬菜以外，食品加工则是亚硝酸盐摄入的另一个主要来源。公允地讲，亚硝酸盐曾经是食品加工行业中最伟大的发明之一。在发现用亚硝酸盐防腐之前，人类一直深陷因为食品保存不好而中毒死亡的阴影中。

虽然在发明速冻、真空等各种除菌保存方法之后，亚硝酸盐的使用被减少了很多，但仍然很难完全消失。在我们日常购买的腌菜、咸菜、加工肉类，比如火腿、腊肠、卤菜等中都或多或少地含有亚硝酸盐。其中，腌菜、咸菜中的亚硝酸盐含量是最高的。

回头说说隔夜菜里的亚硝酸盐。这里亚硝酸盐的来源有两种：一种是食材本身带来的，比如用冬储大白菜炖咸肉，就算不隔夜，其中亚硝酸盐的含量已经很高了；另外则来源于菜里的硝酸盐被还原成亚硝酸盐。如果是硝酸盐含量比较高的蔬菜类的隔夜菜，因为细菌的存在，的确会有一部分的硝酸盐转化为亚硝酸盐。但是按照之前新闻中报道的数量，基本上一夜之后，这些菜的亚硝酸盐含量是在每公斤几毫克，还是远低于国家对熟食肉类和菜类的几十毫克的标准。

因此即便是隔夜菜，也不需要过分担心亚硝酸盐的问题。虽然摄入大量的亚硝酸盐对人体有很大的危害，但正常食品摄入的微量亚硝酸盐对人体的影响是在可以被接受的范围内。毕竟摄入亚硝酸盐量最多的人群之一——素食主义者，是被称为健康饮食的。

真正减少日常亚硝酸盐摄入，应该从饮食结构上进行调整，减少腌菜、卤肉、腊肉等食品。同时尽量不要一次购买大量的蔬菜存放在家中，也不要贪图便宜购买已经不新鲜的蔬菜。平衡饮食是最健康的方法。

人们关心隔夜菜的危害问题，关注点并不是亚硝酸盐含量的增多，而是如何妥善保存，防止滋生大量细菌。因此隔夜菜最好放在冰箱里进行冷藏，不光减少细菌的数量，也会减少细菌还原的亚硝酸盐量。

如果家长朋友还是对隔夜菜有担忧，就把菜品做到“小而美”，分量适中。在家中实施光盘行动，少一些浪费，也少一些担忧。

食品干燥剂为何会爆炸伤害儿童?

温馨提示：爸爸阅读本篇文章后将：化学 +2。

2014 年 11 月 13 日，央视新闻报道了这样的一件事情：11 月 5 日江西一个 5 岁小朋友，将海苔里的干燥剂扔到彩虹糖瓶子里加水摇晃，想吹泡泡，结果引起爆炸灼伤其面部和眼睛，目前还有失明的危险。

比起我们书中分析过的泡泡水腐蚀皮肤或者 84 消毒液杀人事件，这次干燥剂爆炸事件的真实性看似更强。不过对于那些不满足于被媒体吓唬一下就算了的家长们，我们努力解读一下这个新闻的真相，看看干燥剂是否会发生爆炸，又该如何避免宝宝遭遇类似的伤害。

干燥剂是指能除去潮湿物质中水分的物质如硫酸钙和氯化钙等，通过与水结合生成水合物进行干燥。它适用于防止仪器、仪表、电器设备、药品、食品、纺织品及其他各种包装物品受潮。我今天主要来说食品中的干燥剂，常见的种类有：硅胶、生石灰、蒙脱石、氯化钙等。现在食品中用得比较多的是氧化硅和水的结合物：硅胶，外观就是一些透明或者有颜色的小珠子，吸水之后就会变色。**硅胶本身没什么毒性又很稳定，**安全到成为众所周知可以植入人体内的整形器材。蒙脱石和氯化钙干燥剂也没什么需要家长上心的，前者是最常用的儿童止泻药，后者干脆就是补钙剂。虽然这三种干燥剂在工业生产环节中，可能会被混入一些其他物质，但是标注一个"不可食用"也就足够了。这些种类的干燥剂没太多值得大家担心的问题，也不会引起爆炸。唯一需要大家注意的便是生石灰干燥剂，这也是爆炸事件的罪魁祸首。

石灰干燥剂的成分是生石灰，也就是氧化钙 CaO。氧化钙具有很强的吸水性，和水反应生成氢氧化钙，会放出大量的热量。**化学反应方程式为 $CaO + H_2O = Ca(OH)_2$。**可石灰不会爆炸，遇到水也不会爆炸。这次事件中爆炸的原因是反应产生的大量热让水沸腾，继而产生大量的水蒸气，导致密封的瓶子内气压骤增，扛不住压力就炸了。爆炸之后，滚烫的水，加上水里浓度很高的强碱氢氧化钙，一瞬间喷到孩子的脸上和眼睛中。而这个时候虽然妈妈用清水给孩子洗脸，但孩子的眼睛却因疼痛紧闭，导致眼睛没有被冲洗干净，到医院已经为时已晚。

这就是为什么石灰干燥剂包装上，除了不能食用以外，还有不可浸水的标记。事实上，比起我们小的时候，现在石灰干燥剂已经很少被使用了。食品中的干燥剂大多被更安全的硅胶干燥剂替代，甚至很多食品用真空或者惰性气体密封，不再使用干燥剂了。但也不能排除还是有一些抠门到脑残的厂商，为了节省一袋零点几分钱的成本而使用石灰干燥剂。

最近几年，因为把石灰干燥剂加到瓶子里导致爆炸的事件不止这一次。我们深深怀疑是不是在小朋友的世界里，把石灰干燥剂到扔水里是一件非常流行的游戏。因为水会变热，会冒泡，就很好玩吗？这次受伤的小朋友也不可能凭空觉得干燥剂可以做泡泡水，肯定是听到或看到其他小朋友这样做才学会的。他只是突发奇想用密封的小瓶子代替别人敞开的容器，结果导致爆炸。

每个孩子都有探索和学习的精神，家长不应该用各种禁令将孩子的探索精神扼杀。即便再多禁令，也无法完全做到万无一失的保护。这个世界上没什么绝对安全的，干燥剂已经是相对很安全的物品了，如果你不了解，一样有可能会出现这样的伤害。作为科学教的家长，我们也害怕孩子被石灰干燥剂爆炸事故所伤害，但给孩子下禁令是最愚蠢的应对方法。除了禁令，我们还有很多种科学的应对之法。

1. **良性开发而不是禁止孩子的探索精神**，带孩子一起做实验。让孩子从父母处获得知识，要远远安全于从身边的小朋友那里道听途说。可以告诉孩子干燥剂分几种，每种的特点，为什么不能吃，不能接触水。

2. **告诉他们如何在安全保护下进行安全探索**，想做实验就要有实验的安全装备，比如护目镜，除了可以避免这个新闻里孩子眼睛受伤的惨剧外，看上去也帅气很多。拍张相片发到朋友圈随便都是几十个赞。

3. **还可以带孩子一起做一次石灰加水的实验**，在有保护、宽敞环境、通风良好的情况下，这个实验没有太多危险性。事实上在我们小的时候，满大街都是搅拌生石灰的场景，那时大家都知道生石灰会烧手不能触摸。现在的小朋友生活中没有机会去接触那种环境，所以也根本意识不到危险。让他们体验一下我们小时候看到生石灰加水沸腾的有趣场景，也是给他们上了一场不错安全教育课。

4. 和孩子一起**配置安全的泡泡水**。他知道泡泡水如何做后，就会减少用稀奇古怪的原材料制作的可能了。这个我们在下面的文章中也提到了详细的制作方法，这里不再细说。

5 . 买之前通过瓶底或者包装看看是什么类型的干燥剂，**避免买到含有石灰干燥剂的食品**。如果不小心买到，那么打开食品袋把干燥剂扔掉，然后将食品放冰箱储存。

6. 万一真的遇到家里的熊孩子把石灰干燥剂扔到一个密封的小瓶子里，摇来摇去摇爆炸，一脸都是，**就迅速用大量清水冲洗脸部**。尤其是一定要掰开眼睛进行冲洗，孩子会哭闹，但是家长一定要按着要求做，冲洗干净之后立刻送医院。

最后再次建议大家的是，虽然石灰干燥剂的确会在特定条件下造成这次新闻中的伤害，但确是小概率事件，家长们不需要对干燥剂有那么强的恐慌心理。更了解科学，更多在监督下的探索，才是让孩子养成良好安全习惯的方法。一味地害怕和抵触，只会让孩子和家长更不了解什么才是真正危险的，遇到危险也无法正确处理。

北冰洋汽水里到底都有什么?

温馨提示：爸爸阅读本文章后将：化学 +1，清爽度 +2。

当我们三个人在铜锅里认真地涮着鲜美的手切羊肉的时候，突然发觉手里的北冰洋瓶子上有盲文却没有成分表。没有成分表怎么能上市?餐桌上加起来已经学了 30 年化学的我们明显不能容忍。于是就有了特别正当的再喝一瓶的理由，要了第二瓶后特地叮嘱服务员把瓶盖留下。这才发现北冰洋的瓶盖简直是微雕艺术品，密密麻麻印着各种文字，成分表列在锯齿那一圈。本着不能让学位白拿的精神，千辛万苦把成分表记录下来交给了我们中学历最高的博士同学。结果是，博士同学看完后更加热爱北冰洋了。

成分清单：

纯净水、果葡糖浆、白砂糖、浓缩橘汁、食盐、食品添加剂（二氧化碳、柠檬酸、异抗坏血酸、甜蜜素、红橘油、异抗坏血酸钠、山梨酸钠、β－胡萝卜素、食用香精）。

我们其中一位同学看完成分清单后说了句“添加剂太多”，这也是多数家长朋友们担心的。但这些添加剂却并不会对人体有什么影响，我们来听下博士同学的解释：“二氧化碳打一个嗝就出来了；异抗坏血酸和异抗坏血酸钠是两种维生素 C；β－胡萝卜素能转化成维生素 A，是最安全的维生素 A 补充剂；柠檬酸是天然防腐剂；山梨酸钠是毒性极低的防腐剂，总用来替换毒性更高的食品防腐剂苯甲酸钠等；余下的甜蜜素、红橘油、食用香精也算不得可怕的玩意儿，符合国标。另外，原果汁含量≥ 5%，100ml 含碳水化合物 6.8g（这里基本就是糖），钠 6mg，热量 124KJ。相当安全可靠。”

我们又顺手与可口可乐进行对比，可乐的成分清单是：水、果葡糖浆、白砂糖、食品添加剂（二氧化碳、焦糖色、磷酸、咖啡因、食用香精），相比北冰洋则没有维生素 C 也没有 β－胡萝卜素。换算过来 100ml 含碳水化合物（这里就是糖）10.64g，钠 12mg，热量 180KJ。结论已经相当清楚。北冰洋不管有多少添加剂，总是有维生素 C、β－胡萝卜素；同等数量下，北冰洋的糖含量比可口可乐少 36%，相应的热量也少 36%，钠含量少一半。也就是说，考虑这些指标，北冰洋比可口可乐要健康得多。老北京人民可以开始欢呼了。不过在北冰洋恢复上市初期时，有些新闻吹嘘“无化学添加剂”就有点胡扯了，先不说哪些成分不是化学的，单看配料表里一半多的都是添加剂。

再说一下，家长朋友对于碳酸饮料比较担忧的另一个方面——饮料在人体中产生的热量，我们打一个类比：一个二两（100g）的白馒头差不多 900KJ，一顿饭你要是吃两个馒头，那差不多就是喝了 1L 可乐或者 6 瓶北冰洋。

其实，关注饮料，尤其是孩子爱喝的碳酸饮料，有无化学添加剂并不是重点，重点是你是否真正了解这一瓶饮料的成分，进而合理控制孩子的饮用量。作为监护人的我们，在保障孩子饮食安全方面，并不是今天新闻中出现“可乐不利于孩子骨骼发育”便禁止孩子喝可乐，明天新闻中出现“北冰洋添加剂多”就再给孩子下道禁令。我们应该在抱有怀疑态度的同时，具备一些科学常识，有自己的立场和根据，做一个不盲从的家长。

福岛核泄漏 3 年半了，日本食品还能吃吗？

温馨提示：爸爸阅读本文章后将：环境学 +2，抗辐射 +5。

自 2011 年 3 月日本大地震至今已过去 3 年半多了，在刚刚地震那一年，人们的恐慌程度还是很强烈的，在留日学生群中比较严重。我听到过不少因为此次地震，取消留学或中断留学的事件。国内也有些类似“地震”“核泄漏污染我国海域，不能吃海鲜”的谣言，弄得人心惶惶。到了 2012 年，这种谣言便少了，人们也渐渐忘了这场灾难。但最近几篇关于日本福岛核泄漏之后如何如何的帖子在微信朋友圈被传疯了。可能是新社交平台的出现，必须要有些爆炸性新闻来吸引人们的关注，一些微信公号便开始四处搜罗类似新闻。一天中 有三四个爸爸妈妈在后台问我们：到底能不能去旅游，能不能从日本海淘呢？

在热传的帖子中，有些是不需要反驳的，比如韩国科学家说日本全境核污染。我们只需要看看地图上日本跟中国甘肃省一样细长型的地形就知道了，福岛的核污染如果能覆盖日本全境的话，那么也早包括整个韩国了。韩国人民陷入水深火热中，科学家哪还有空关心友邻呢。不过以韩国人民“晚饭遛弯顺便整个容”的爱好来看，也许被辐射了也看不出来吧。又比如澳大利亚、美国已经不许日本人进入等等。这些关于日本福岛核泄漏的文章，用逻辑想一下便知道是微信公号赚取阅读量的噱头。

不过昨天传播的另外一条信息，某慈眉善目的老太太专家，以诺贝尔奖提名者身份激情控诉日本核泄漏事件的视频，就很有说服力了。这个视频在土豆网上的标题为“福岛核泄漏导致辐射废水不断流入太平洋”，如有想看的朋友，到土豆搜索即可。这个视频的内容真实性到底有多少？距离福岛核泄漏已过去 3 年，辐射还依然那么可怕吗？我们先用三步来仔细了解下这个视频的内容，谁说的，谁传的，说得对吗。

先介绍一下这位老专家的背景吧，Helen Mary Caldicott，短片中的身份为核能专家，但我们查阅相关资料发现她是一名反核活动家。根据她个人网站的简历来看，她只在阿德莱德大学拿过医学学士，头衔上的 MD（医学博士）是来自一大堆的荣誉学位。老专家的医生事业，只到美国哈佛儿童医院做了几年的内科医师助理就终止了（问了在美国的医生爸爸，据说这是高中毕业就能干的速成工种，老专家拿着澳洲学历在美国医院也只能做这个了）。不过之后，她就发现了自己的人生道路：反核。此后 30 多年，她一直活跃在各个反核场所，写书、撰文、演讲，算是这个行业的领军人物之一吧。必须承认的是，诺贝尔和平奖提名这个 title 还是挺牛的，虽然每年诺贝尔提名的有几百人，但和平奖被提名的人中毕竟出过希特勒这种神人啊。

这条粤语视频，最初并非来源于电视台，而是 YouTube 的“4794 真知识频道”（一个宗教频道），这个频道的宗旨是找到耶稣诞生时照亮夜空的伯利恒之星。节目制作时间也不是最近，是 2013 年。虽然宗教节目扯上科学让人感觉很不爽，但看着 70 多岁的老太太仍然活跃在反核第一线也还是很让人感动的，那么她都说了些什么呢？我们总结的核心论点是：1. 日本每天都排放很多很多的污染废水到海里；2. 福岛的核污染在 2014 年年初就会顺着老太太忘了名字的洋流到美国西海岸了，到时候加州的鱼也完蛋了；3. 日本把辐射的废水都存在罐子里，现在罐子的寿命为 5 年，而且密封性不好，漏水；4. 切尔诺贝利泄漏害死了 100 万人，污染 40% 的欧洲，老太太从来不吃欧洲食品，现在开始也不吃日本食品了。

现在已经是 2014 年下半年了，据视频中所说推算，核污染所产生的废水已经到了西海岸，难道美国人民遭灾了吗？可首当其冲住在西雅图的同学们，都在活蹦乱跳地生活着。就算美国政府欺骗大众，那世界的守护神“绿色和平”在陪鲸鱼玩的间歇也没查出核污染吗？

在视频中，提到的切尔诺贝利泄漏事故，是一件发生在前苏联统治下乌克兰境内切尔诺贝利核电站的核子反应堆事故。该事故被认为是历史上最严重的核电事故，也是首例被国际核事件分级表评为第七级事件的特大事故。当时的苏联官方公布的死亡人数为4000人，而“绿色和平”估计到9万人遇难，这个数字在当时已经被人耻笑太夸张了。不料，过了这么多年，当时的遇难人数又被后人涨了10倍——切尔诺贝利死了100万人。不过，老太太用切尔诺贝利泄漏事故与日本福岛核泄漏并提，也是做了一个不错的对比，从另一个角度证明了被污染更严重的欧洲食品，我们还吃得很开心，干吗要担心日本生产的食品呢?

抛开这种吓人的演讲不提，这种社会活动家的话可能一半都不能相信。那说了这么多，穿越了谣言，我们回归真实，要不要担心日本的污染问题呢？其实，最简单的方法是观察，你周围一定能找到在日本或者最近去过的人，问一句就好了。我想应该不会有人告诉你日本已经被辐射得活不下去了，或者寿司店、鱼店一个个都倒闭这种故事。

比较复杂的方法是了解一下核污染是什么，用科学知识补充家庭的安全感。核污染分为两种，辐射和沾染。前者就像你照X光，会对身体造成伤害，但却是一次性的，比如维修人员冒死进去核电厂抢修，身体直接被辐射包围；而沾染则是带辐射的污染物沾到你的身上或落在你的身边，这样人就会一直被辐射，长期看更麻烦。切尔诺贝利的最大问题就是发生大爆炸，大量的含辐射物的烟尘抛射到高空，扩散到全欧洲。而相比这次福岛是地震震坏了，情况要好很多，对比一下现在的欧洲，就知道这种污染是不是真的严重到要亡国灭种的地步。

不过，拿切尔诺贝利死亡人数吓人的专家，都忘了人类历史上最严重的核污染可不是这个。在上世纪五十至七十年代，各大国没事干就在小岛或者沙漠上面种“蘑菇云”（我国最后一次“种蘑菇”是 1980 年）。几千个“蘑菇云”的后果就是，从我们父辈到我们出生那些年前后，全球大部分角落掉下来的核辐射污染物都不比福岛核泄漏对日本人的影响少。人类死绝了吗？变异了吗？我们不是也都活下来了。

所以，福岛核泄漏远远算不上人类史上核污染最严重的一次，即便日本政府处理方式有些低能，也还没到需要我们担心而影响正常生活的地步。如果真的出现严重到需要我们担心的事件怎么办呢？放心，那时候绝对不会是从微信或是网页上看去年的录像才知道。

也有些家长跟我们说，孩子会跟他们说福岛核泄漏影响食品安全这一问题，拒绝买日货。其实，孩子们对这些大事件不了解，超出了他们的认知范围，由于距离自身生活太远而比较好奇。家长朋友可以趁机给孩子讲解一些日本核泄漏的原委，或者进一步讲下日本地理。也许，孩子从此能爱上地理。

零食里有可怕的添加剂？！

温馨提示：爸爸阅读本文章后将：食品安全指数 +2，快乐值 +5。

昨天，一位妈妈给我发了这样一篇文章，《孩子常吃的 9 种零食添加剂最多！为了孩子扩散一下吧！》，文中提到方便面、火腿肠、蜜饯、果冻、乳饮料、薯片、冰激凌、饼干等食品所含的添加剂最多。点击进去后，阅读量很可观。可看完之后，我整个人都感觉不好了：少吃零食没错，这样无根据的文章，指不定又忽悠了多少家长。

儿童零食有那么恐怖吗？每种里面都有可能致命的一大堆添加剂？如果这篇文章的内容是真的，那么我们孩子的饮食问题就真成了无法防范的事情。针对文章提到的添加剂最多的零食，我们一一针对原文理由来看，是否真的有根有据。

方便面

一包方便面最多可有25种食品添加剂，常见的有谷氨酸钠、焦糖色、柠檬酸、特丁基对苯二酚等。儿童长期食用含柠檬酸的产品，可能导致低钙血症。

我们一小时爸爸的团队中有不少爸爸虽然学了多年化学，但看了上文的解释才知道吃柠檬酸会缺钙。如此的话，柠檬、橙子、橘子岂不也要从人类的餐桌上消失。天然的柠檬酸存在于植物中，如前面说到的柠檬、橙子、柑橘等果实中，也存在动物的骨骼、肌肉和血液中。人工合成的柠檬酸是用砂糖、糖蜜、淀粉、葡萄等含糖物质发酵而制得的，可分为无水和水合物两种。因为柠檬酸有温和爽快的酸味，所以被普遍应用于各种饮料、汽水、葡萄酒、糖果、点心、饼干、罐头果汁、乳制品等食品的制造中。在所有有机酸的市场中，柠檬酸市场占有率 70% 以上，属于调味剂，也可用作食用油的抗氧化剂。同时改善食品的感官性状，增强食欲和促进体内钙、磷物质的消化吸收。

蜜饯

所含添加剂为柠檬酸、山梨酸钾、苯甲酸钠等。其中苯甲酸钠会破坏维生素 B1，并影响儿童对钙的吸收。

苯甲酸钠会和 VC 反应生成苯，苯是一种致癌物质，但从化学角度来说，分析一个物质的毒性要看其含量。就比如前面章节中提到的对比物：水。苯甲酸钠和 VC 反应生成的苯含量很低，并不足以使人中毒。这个每天吃一大勺都没事的低毒添加剂，根本不会破坏维生素。还可以举一个更严重的对比，蓝莓和蔓越莓是苯甲酸钠的天生重灾户，含有大量天然的苯甲酸钠。

果冻

山梨酸钾、柠檬酸及卡拉胶等添加剂运用最普遍。过多摄入山梨酸钾会导致过敏反应，并影响孩子对钙的吸收。

按照《食品安全性毒理学评价程序》的方法对山梨酸钾的毒性级别、遗传毒性等进行安全性评价，研究结果是山梨酸钾对小鼠急性毒性实验 LD50=1300 mg/kg，属于低毒物质。而山梨酸钾是一种不饱和脂肪酸（盐），它可以被人体的代谢系统吸收而迅速分解为二氧化碳和水，在体内无残留。如果非要说出它的一点问题，那可能是人的身体优先吸收钠、钾离子，吸收过多后会阻碍对钙离子的吸收。但山梨酸钾中的钠、钾离子含量并不多，假如每天吃一个果冻，一年后摄入身体的钠、钾离子还不如做菜时半勺盐中的含量多。

口香糖

可能含阿斯巴甜、山梨糖醇、柠檬酸等添加剂。过多的山梨糖醇会引起腹泻。

在英国，的确有因为吃过多含山梨酸糖醇的食物而腹泻的案例。不过，在这些案例中患者都是长期每天吃了二三十克以上的山梨酸糖醇而导致的腹泻。换成口香糖，你可以问问彭于晏和桂纶镁能不能吃掉这么多吧。

冰激凌

人工香精、增稠剂、人工合成色素等添加剂使用最普遍。而其中有的人工色素，国外规定不能用于食品。

虽然有些像苏丹红这种对人体有害的色素被禁用了，但完全禁用人工色素，是不可能的事情。最惜命的欧洲人也没有这样规定过。

关于儿童和零食之间的关系，其实父母不必太过担心，只须让孩子建立起好好吃饭的意识和习惯，达到膳食平衡。对于零食，不能完全禁止，否则孩子的逆反心理一旦被激起来，父母不能好好引导的话，是会出现更坏的情况的。这就需要父母为孩子把控食品的安全，买些知名品牌的零食。虽然他们的道德感也未必强到哪里，但是他们的问题被曝光的可能性更高，违法成本更高，相对则安全一点。

一天之间，这篇文章阅读点击率已达到了几万，不禁感叹这种建立在关心孩子基础上的舆论，到底是在挽救孩子，还是在害孩子。曾经，《纽约客》发表过一篇研究文章，列举的容易被分享文章的特点中有一点就是让用户非常愤怒和恐慌的文章类型。而这类文章的真实性是最需要打一个问号的。希望作为家长的我们能理智地打出这个问号，可能就花一两分钟的时间就能查到它的真实性。这样，养孩子便不会是那么令人担忧又紧张的事情，反而会变得更有乐趣。

比添加剂更可怕的是什么？

温馨提示：爸爸阅读本文章后将：健康 +2，清淡 +1。

当我们分析了北冰洋和可乐里面的成分和添加剂后，总有不少读者把他们喜欢的饮料或者食品配方表发给我们分析，当然有的健康一些，有的就差一点。但貌似大家都陷入了一个误区，饮料或者食品里最可怕的是添加剂。其实，添加剂并不是你们最需要担心的，食品中有两样东西，比添加剂对人体更有伤害。这两种物质就是：糖和钠。当然，这两种物质也是人体生存必需的。可中国大部分城市居民，尤其是孩子，在糖和钠的摄入上面都是过量的。

合法食品或饮料中的添加剂都是被严格控制的，因此那些真的拿可乐当水喝的美国人民也还活得好好的，唯一的不良结果就是变成了胖子，这只是多亏了食物中的糖。在国家的控制标准中，糖和钠的添加是没有上限的，所以我们只能自己多注意。关于糖的问题，大家应该都了解得比较多。如何对付饮料中的糖其实很简单，1 桶 2 升的最大装可乐等于两个馒头。大家喝完照着这个减少对应量的主食就可以了。

我们主要来说一下“钠”。钠，Na，化学元素表上第 11 个，原子量 23，有 22 种同位素，除了钠 23 外都有放射性。钠是地球上丰度排名第 6 位的元素，人体丰度第 7 位。金属钠可以用刀切，放到水里会剧烈反应着火，这是中学化学实验里最刺激的一幕。

钠是人体最不可或缺的元素之一，但生活在现代社会的好处就是，食盐极大丰富，基本上钠的摄入只多不少。因为所有的生物都需要钠，所以除了从食盐中直接获取钠以外，基本上你吃的东西里都是含有钠。有些人只盯着自己家的盐罐子一天撒多少，殊不知面包、蔬菜、肉、调味品、饮料都含有钠元素。假如你生活在北京西部的石景山，水质硬得让你受不，于是装了一台软水机，那家中的白开水里的钠含量比可乐中的钠含量可能还要多。

钠在生活中已不可避免，那么钠摄入多了会怎么样？就跟我们说的关于糖和减肥的情况一样：因人而异，请按照自己的身体和家族遗传病史来考虑。每个人对每种物质的吸收代谢情况不一样，但总体来说，摄入钠超标，会带来较严重的心血管疾病，体现在高血压、中风，以及其他心血管疾病上。所以如果家里其他人有高血压或者心血管病史，那么爸爸妈妈和孩子都更需要注意了。

人对于钠的摄取，到底吃多少算多呢？世卫组织（WHO）建议成人每天的钠摄入量在2g以内，也就是食盐5g。不过按照此说法除了非洲人民，基本上全球大部分人民都会超标。

美国农业部和美国卫生与公众服务部联合给出的每天钠摄入量是这样的：1–3岁：小于1g；4–8岁，小于1.2g；9–50岁，小于1.5g，50–70岁，小于1.3g；70岁以上，小于1.2g。而美国疾病控制中心CDC给出的数字是，美国人民的钠日常摄入超标基本是在50%～100%的，超标最严重的恰恰是18岁以下的青少年儿童。比起美国家庭，中国菜的口味更重，钠摄入量超标情况更严重。美国2～18岁的青少年摄入钠的主要食物来源前十名是：比萨、面包、禽肉、冷餐肉、三明治、零食、汤、起司、意大利面、火腿肠。是不是还有不少是你的健康饮食清单上的呢？所以说钠摄入量的控制是更难的。

所以，在对孩子和家庭的饮食上，添加剂并非我们注意的重点，钠和糖的摄入量才是最需要家长朋友们担忧的问题。那么如何解决这个问题呢？控制糖的摄入相对来说比较容易，大家可以分辨出哪些食物含糖量较多，可以避免孩子过多的摄入。但钠就不一样了，你很难靠减少单一类食品来显著控制钠的摄入。我们只能从细微处做起：1. 最重要的就是做菜时少放盐，这是最有效也是最简单的方法；2. 闲得没事看看饮料和食品中的钠含量，在不影响自己口味爱好的前提下，选择含钠量比较少的那种，比如你不减肥，就不要去添乱喝健怡可乐，这种可乐里钠含量比普通可乐要高，养成习惯只喝更少钠含量的饮料；3. 多运动，钠的代谢靠上厕所是没用的，人体特别珍惜钠元素，生怕少了，只有出汗才能最大量地将钠排出体外，当然锻炼应该长期坚持，不要突然过量，大量出汗之后又要补充电解质。

之前，有一位粉丝妈妈在微信公号上向我们求助，她因为家里老人早餐一定要给孩子吃咸鸭蛋黄而不知所措。我们也为更多有此类情况的家庭想到了一个完美的说法，你们可以告诉长辈：因为人体特别爱钠，远超过钙，所以一旦有钠到肠子里，人体都会着急吸收钠，而忘了钙。因此高钠的咸鸭蛋一定会影响孩子对钙的吸收，如果最后孩子缺钙怎么办？也许，在育儿这件事情上，用科学的“吓唬”去打败伪科学的“吓唬”，才能引起更多家长的警觉吧。

红糖是补血圣品吗?

温馨提示：爸爸阅读本文章后将：血色素 +2。

每次去咖啡馆里写稿或者发呆的时候，面对桌子上的 4 种糖都很庆幸自己没有选择恐惧症。不过想不通的是：糖水包是为了放冰咖啡里，善品糖是为了怕胖的人准备，那红糖（Brown Sugar）和白糖除了口味外的区别是什么，难道是能否补血吗？

红糖补血似乎是特别深入人心的我国食疗文化精华之一了。不过越是这样深入人心的传统东西，越会引诱我们去戳一下，看看红糖到底是怎样补血的。

用几句话科普一下贫血和补血：贫血的原因很多，失血超过造血就会产生贫血。判断贫血也不难，验血看血红蛋白浓度，也就是俗称的血色素就可以了，别忘了贫血标准是和年龄性别相关的。而补血除了直接输血外，最重要的方法就是补充铁和维生素 B_{12}，增加人体造血的速度。因为人体造血的绝大部分原材料都是现成的，所以造血特别需要多补充的，除了一点 VB_{12} 外，主要就是铁。人的胃口一定是把食物都拆碎了才能被身体吸收充分，就算你直接喝鸡血，也就鸡血里那点铁含量对补血有帮助。

人体需要每天摄入多少铁，也是因人而异的，可以参考下面美国疾控中心（CDC）推荐的每日铁摄入量：

年龄（岁）	每日铁推荐摄入值（mg）	
	男	女
0~0.5	0.27	0.27
0.5~1	11	11
1~3	7	7
4~8	10	10
9~13	8	8
14~18	11	15
19+	8	18
孕妇		27
哺乳期		9

从这个表可以看出，需要摄入的铁含量会随着年龄的增加而变化。在成年之后，女性因为“友人”的定期拜访，对铁摄入量会远高于男性。不过要提醒妈妈们一个常见的误区，虽然孕妇要多补铁给孩子，但如果那位出远门的“友人”还没回来，那么哺乳期的妈妈是不需要大量补铁的。比起那位烦人的“朋友”，通过母乳传给宝宝的铁是微乎其微的。同样的道理，假如宝宝在半岁之后仍以母乳为主要食物，就需要尽快考

虑一下如何通过添加辅食来给宝宝补铁。

说回红糖，它成为补血圣品的最重要原因是中国传统文化中对是否补血的判断标准很彪悍简单：“看上去是红的就应该是补血的”。所以直到现在，养生专家的古法补血食谱上，基本上也都是：红糖、红辣椒、胡萝卜、红枣、山楂、红薯。所以，我们决定去翻一下红糖的老底，红糖是什么？红糖是制造白糖的中间产物。简单说，就把甘蔗汁浓缩干燥就成了红糖，再提纯就成了白糖。请不要问为什么“清热生津，下气润燥”的甘蔗浓缩一下就成了补血圣品，这个也许是它的使命吧。制造红糖有两种方法：一种是直接拿制糖半成品出来（所谓古法）；一种是懒得费劲，干脆都做成白糖，而如果想要红糖，把提纯白糖时分离出来的“糖蜜”再加回去就成了红糖。

因为甘蔗里含铁元素的，所以糖蜜的铁含量还不错，100g 含铁 13mg。基本上女性一天喝一瓶就补铁完毕了。不过这看着和止咳糖浆一样的东西，想干喝一瓶，需要的勇气也不小。而无论是用古法还是工业，红糖中的糖蜜含量基本是不到 10%，也就是 100g 红糖，含铁量在 1mg 左右。补充一天的铁，你需要吃 2 斤红糖，热量相当于你喝了十几桶大可乐。

因此，红糖补肉的能力是补铁的好几倍，用红糖补血也不是不可以，只限于那些绝对不怕胖的同志。按补血食谱上用 20g ~ 30g 红糖煮水，也就完成了 1% 铁摄入指标，费这个劲干吗？

除了红糖，其实你可以有一堆比红糖含铁量更高的食物可选择，最重要的就是肉类：肝脏、牛肉、生蚝；素食主义者可以吃豆类、豆制品、菠菜和西红柿；就算你正在节食，也能靠黑巧克力甚至补铁复合维生素片搞定。

我们扒掉了红糖作为补血圣品的外衣，相信会有不少姑娘难以接受。如果你放着这么多优秀补铁食材不用，还喝红糖水来补血。那就只能承认，你只是懒而已。

西红柿有毒，生吃西红柿能怎样呢？

温馨提示：爸爸阅读本文章后将：植物学 +3，毒抗 +4。

关于西红柿有毒的问题，已经流传不少年了，不过最近短时间突然加速传播，多到复数的爸爸妈妈们跑来问我们了。流传的版本是，西红柿有毒，尤其是不红的西红柿，最好不要生吃，一定要做熟再吃。那么和这些散布谣言的媒体的精神毒性来比，西红柿对人体有多少危害呢？

西红柿中存在有毒物质吗？答案是肯定的，西红柿叫番茄，属于茄科，里面有一种物质叫龙葵碱（又叫茄碱，Solanine），基本上茄科的物质里都会有一些这种物质。其实，属于茄科的植物可不只是番茄和茄子，还有一些你可能没想到的东西，比如土豆、辣椒、枸杞和烟草。

龙葵碱对动物来说是低毒物质，不过对人体来说毒性很高，基本上一个人吃 0.2g 左右就会中毒，再吃多点就会致命。不过通常植物里龙葵碱的含量很低，基本上西红柿和土豆里面一公斤只含有几毫克。所以就算吃到撑死，也不可能因吃普通的西红柿和土豆而中毒。

但在未成熟的绿番茄和发芽的青土豆里，龙葵碱的含量会激增上百倍。人食用后，则很容易中毒。这就是为什么我们从小就被教导说发芽土豆不能吃的原因，在土豆芽和土豆皮的部分龙葵碱含量是非常高的。那是否就像网上帖子里说的把西红柿做熟就能解毒呢？不一定，不是所有的烹调方法都可以消除龙葵碱的。最有效的方法是充分油炸，在超过 170 摄氏度的油温下，龙葵碱会转化成无毒的物质。而在有些文章中写的是 76 度油炸，换算一下就知道，这些人是看了一些误以为 170 度是华氏度的国外文章，就直接无脑地换算成摄氏度来传播。完全没动脑子想过怎么可能有 76 摄氏度油温的烹调方法。如果当你的家中只有发芽的青土豆的话，又不想扔掉，那么请把芽挖掉，再削皮，做成炸薯条。另外一种不那么有效的方法是水煮，因为龙葵碱是可以溶于水的，所以可以去除一部分毒性。至于其他的烹调方法，对于解毒都没有太多效果。

其实比起彻头彻尾的谣言，如电磁炉致癌等，“西红柿不能生吃”这种谣言才是更可恶的。因为这种谣言基于一个正确的科学依据，却完全给出一个误导读者的错误结论。环球网认为西红柿有毒，事实呢？只有绿色的未成熟西红柿的毒性才须要注意，而绿西红柿基本在市面上是买不到，也没人会去吃。又有些文章称生吃有毒，须要做熟才行。但实际上，除非是做炸薯条，在高温中充分油炸，其他烹饪方法都不能真正有效地把有毒的龙葵碱去除。

真正避免龙葵碱中毒的方法，就是不要吃绿色的西红柿和发芽的土豆。甭管生熟都不要吃，至于普通的红色西红柿，是怎么吃都没关系。

被骂的鱼肝油，躺枪的伊可新们

温馨提示：爸爸阅读本篇文章后将：药理学 +2，省钱能力 +2。

“据央视报道，婴幼儿吃的鱼肝油是药，过量补充会对孩子造成伤害。”但是，在美国的超市里，鱼肝油并不是当药来卖的，是一种靠近食品的营养补充剂，吃多少由自己做主。就比如著名的 LilCritters 小熊糖是种综合维生素补充剂，也是一种食品，没人把它当药品。

在我们小时候，也没少吃这种东西，我自己就相当不喜欢那股味道，这成了我惨痛的儿童记忆。但确实有人会特别喜欢这种味道。其实，吃鱼肝油的主要目的是补充维生素 A 和维生素 D，至于 Omega-3 不饱和酸是后来的概念。那么，媒体所谓的过量标准是什么呢？或者，现在吃鱼肝油的孩子是不是有过量的危险呢？

一般的鱼肝油指的是 Cod liver oil，也就是鳕鱼的鱼肝油。根据美国农业部的数据，15ml（大约 13.6g）纯鱼肝油中含 4080 μg 的维生素 A 和 34 μg 的维生素 D。中国居民膳食营养素摄入推荐的每日摄取量分别是维生素 A：成年男性 800 μg/ 女性 700 μg，和维生素 D：10 μg（65 岁以上 15 μg），而摄入上限分别是每天 3000 μg 和 50 μg。

对于 0 ～ 3 岁的孩子来说，维生素 A 每日摄取推荐是 300 ～ 350 μg，上限是 600 ～ 700 μg（2000 IU），维生素 D 每日摄取推荐值是 10 μg，上限是 20 μg（800 IU，0 ～ 3 岁）和 30 μg（1200 IU 4 岁以上和成年相同）。细心的读者可能会发现"μg"和"IU"单位之间换算并不一致，没错，换算比是和具体维生素种类相关。

当然，我们在日常饮食中也会摄入维生素 A 和维生素 D。以维生素 D 为例，加拿大法律要求牛奶里须要添加维生素 D，以防止摄取不足。维生素 D 在牛奶中的浓度是 35 ～ 40 IU / 100ml，也就是说，每天喝 1 升半的牛奶才能达到上限，显然这会造成很强的饱腹感。摄入上限除非不按照用量说明每天嗑掉很多鱼肝油，否则不容易达到。不过"嗑"太多鱼肝油，首先会和我小时候一样先造成倒胃口的伤害。

如果你还是觉得需要一个服用指南才能安心，那么以维生素 D 为例，美国儿科协会给出的建议是这样的：

1. 所有母乳喂养的婴儿每天应该补充 400 IU 的维生素 D，从刚出生开始就可以补充了。

2. 所有非母乳喂养的婴儿，如果每天喝的配方奶不到 32oz（约 900ml），那么也需要摄入 400IU 的维生素 D（可以看出他们的标准也不太关心多摄入一些维生素）。

3. 青少年已经可以从日常饮食中获取足够的维生素 D，不需要再补充了。

4. 如果孩子本身患有因服药或慢性病造成的维生素 D 缺乏症，应根据医嘱补充维生素 D。

当然不管是膳食补充剂还是药物，家长都应该仔细阅读说明书和了解成分及副作用之后再给孩子服用，这才是首要的。

那些教你分辨转基因食物的都是耍流氓

温馨提示：爸爸阅读本文章后将：食欲 +2，选择恐惧症 -3。

在创建“一小时爸爸”这个微信公众号之前，我们科达爸爸团就曾有过一次关于选题范围的讨论。因为科学教会我们尊重别人选择不同信仰的权利，所以我们给自己定下三个不涉及的禁区：宗教、中医和转基因。不过在有些具体事件上，如果我们能保证以不侵犯他人利益为前提，还是可以谈一谈的。

我们今天不涉及转基因对错功过的问题，只谈一个标题：“如何从外观上分辨转基因蔬菜/水果”。在各种版本文章中，经常会用到对比图，只不过有一半文章说长得畸形的是转基因食品，另一半文章会说长得特标准的才是转基因食品。哪个是对的？其实，两个都是无根据的编造。这些教人分辨转基因食品的文章都是耍流氓行为，只为了吸引点击率罢了。我们现在就详细解读为什么这些都是不可信的。

首先，不管你是支持还是痛恨转基因，必须承认一点，转基因是人类科学技术进步的最高成就之一，当然从一些反对者的角度来说，这是人类妄图涉足到神的领域的新罪证。其实，转基因说白了就是从另外一个物种里借用一个有特殊功能的基因段，比如防害虫基因。从技术上说，这可以看成我们熟悉的“杂交”升级版：只不过是一个基因来源是家里亲戚，另外一个是海外友人。当然作为一种“神的领域”的新技术，即便科研人员拿出大把报告数据论证其无害，真要让大众相信可能还需要几十年的时间。但有一点是一定的，就是选择的这个基因到底是干什么用的。比如玉米特别害怕蝴蝶、飞蛾，所以转基因是选择了菌类中对鳞翅目（蝴蝶、飞蛾）有毒的一个基因。这个基因不会让玉米从黄色变成绿色，也不会让玉米从 20cm 变成 50cm，它能做的，就只是毒死鳞翅目的昆虫，除此之外连毒死苍蝇、蚊子、蝗虫都做不到。而转基因食品中改变外观最多的就是黄金玉米，因为转基因目的就是增加有颜色的胡萝卜素，使玉米的颜色更鲜亮。其他的转基因绝大部分是不会对外观造成很大影响的。如果一个转基因食物变成了谣言文章中巨大的或者丑陋的样子，那它不光是一个转基因食品，还是一个失败到家的转基因食品。

其实，转基因食品是人类基因工程发展到一个新高度的产物。现在流传的转基因文章中，多是宣传诋毁转基因，很少有教大家正确认识转基因技术的。这也是造成大家对转基因保持怀疑、拒绝态度的根源。可以试想下，如果转基因公司的科学家已经成了 “阴谋摧毁人类的邪恶轴心”，那么做出来的食品不是奇形怪状，就是标准得像复印出来的，辨识度如此高，他们到底是图了什么呢？这也太让我们这些准备被毒害的人民着急了吧。这就好比人类已经可以拿鸟的基因来让自己长出翅膀到处飞，居然还没办法控制下一代的眼皮是双还是单一样奇怪。换句话说，如果转基因食品真的能被一眼看出来，还用得着小崔同志拖着抑郁的病躯，万里迢迢地去美国拍一个被人骂的“纪录片”吗？还须要说服国家强制标注转基因食品吗？他用自掏腰包拍片的钱，给每个菜市场雇一个火眼金睛的分辨专家不就好了吗？

如果上面这些通过合理性分析来反驳流氓的方法还是让你心存疑虑的话，那么希望最后一个理由可以说服你，那就是互联网上吓唬你的那些转基因食品，你根本买不到！我国目前允许种植的转基因农产品的品种非常少，除了占绝大部分种植的棉花，唯一大量能在市面上见到的转基因食品就是木瓜。而进口转基因作物也有严格的限制，只包括：大豆、玉米、油菜和甜菜，而且它们只允许作为原材料进行加工，你在菜市场是买不到的。能上餐桌的转基因产品就是加工后的产物：油和糖。

不管原材料是不是转基因，挤压、提纯出来的是不含细胞甚至不含基因的各种脂肪酸和蔗糖。想在这些几十个原子构成的可怜小分子中间隐藏对人体有害的未知谜团，大概跟在人群中隐藏一条鲸鱼差不多。讨论转基因与非转基因原材料加工出来的油和糖的差异，还不如去分析牛津大百科全书和地铁报纸哪个回收做出来的手纸更舒服有意义些。

当然，选择哪种油是每个人自己的判断和口味。人可以活得像美国人一样大大咧咧，也可以像欧洲人一样谨慎小心，都是没有错。错只错在，不要拿不确定真实的事物来吓唬自己，更不要传播。这些文章和背后发布、转发的人，才是比转基因更可怕无数倍的社会肿瘤。

用科学的态度解决隔代育儿观

打喷嚏等于快感冒吗?

温馨提示：爸爸阅读本篇文章后将：医学 +2，化解老人担心能力 +2。

宝宝打喷嚏了，马上就会有人提醒你宝宝可能要感冒。打喷嚏和感冒之间的关系总是有点暧昧，印象中感冒的症状之一就是打喷嚏，而在习惯思维里只要打喷嚏，就要感冒了。到底两者之间有没有因果关系呢?

其实，感冒是很多种不同种类不同原因疾病的统称，从病因到治疗方法都大相径庭。打喷嚏也只是某些“感冒”的症状之一。很多被我们归结到感冒的病，是很少打喷嚏或者不打喷嚏的，比如鼻病毒带来的普通感冒会容易打喷嚏，但是流感就很少有打喷嚏的症状。理清打喷嚏和感冒之间的关系，我们需要从人为什么会打喷嚏开始解释。

引起一个喷嚏第一步需要的是刺激人的鼻黏膜，然后这种刺激会通过头部最重要的神经——三叉神经，传递给大脑。这个时候人一般会感觉到鼻子发酸发痒。当大脑感受到这个信号时，就会控制人进行一系列的动作完成打喷嚏。打喷嚏会先张嘴，快速吸气，然后又快速通过鼻腔和口腔把吸进来的气排出去。不过同时排出去的还有大约 4 万个小液滴，包括唾液或者鼻腔黏液。这些无法言喻的微粒会以每小时几十公里的速度喷射出去。而触发这一系列活动的就是鼻黏膜被刺激，受到刺激的原因可能很多，最常见的是冷空气、异味或者花粉这些颗粒物。至于为什么会打喷嚏，通常认为这是人体的一种防御模式，将侵入鼻腔的污染物排出去。

从八卦的角度来说，这说不定也是普通感冒的时候容易打喷嚏的原因。因为普通感冒中鼻病毒感染占最大一部分，感染区域主要集中在鼻子、喉咙。因此打喷嚏清理一下鼻腔里的黏液，把病毒扔出去，身体就容易好起来了。像流感或者其他上呼吸道炎症感染区域不集中在鼻子，因此打喷嚏也没用。除了普通感冒会打喷嚏外，其实很多刺激鼻腔甚至让大脑误以为鼻腔被刺激的事情都会导致打喷嚏。比较奇特的一个案例是阳光，很多人突然见到阳光，就会打喷嚏。这是很奇怪的事情，因为阳光是不能折射跑到鼻子里刺激鼻腔的。不过现在的科学家是这么认为的：因为阳光突然刺激眼睛，大脑通过视神经赶快缩小瞳孔，但是因为视神经和三叉神经很近，结果三叉神经搞错了以为命令是给自己的，所以赶快打喷嚏。不过这样也不错，因为打喷嚏包括眯眼和低头动作，所以减少强光的伤害。

最常见的就是因为冷空气刺激，天气一冷，鼻腔受到冷空气的刺激，很多人就会打喷嚏。而同时天气冷的时候往往是感冒多发季节，在寒冷天气里，人们经常感冒，也经常打喷嚏，古人就认为是有因果关系的。就这样打喷嚏是感冒的前兆这种想法就一代代传下来了，只不过这种想法是逆转了因果。不是打喷嚏就感冒，是感冒的人可能先没有其他症状，只是打喷嚏，这个时候不知道是感冒，过 1~2 天其他症状出来了，才明白是感冒。

比起打喷嚏就感冒这么无趣的想法，或者跟购物网站的店主有一样的爱好——看人家打喷嚏就“上帝包邮你，包邮你”来说，我们更喜欢最传统的中国风解释：打喷嚏是有人想你了。《诗经》有云：“终风且曀，不日有曀，寤言不寐，愿言则嚏”，翻译成白话就是：“我心里阴晴不定，整宿睡不着地想你，你到底打喷嚏没有啊？！”从孔老夫子收集的这本“列国乡村爱情故事”里就能看到，其实思念和打喷嚏之间的关系已经被流传了几千年。

毕竟感冒和打喷嚏之间的关系很容易解开，思念就没那么简单了。也许是两个人情深意切，可以感受到对方的思念，而遥感的接收终端就是三叉神经，于是感受到的思念多了就打喷嚏了。

所以宝宝再打喷嚏没必要那么紧张，很多时候和感冒没关系。有时候是因为宝宝已经感冒了，这时做什么都不会避免感冒，只能尽量不要太劳累。不过如果宝宝一直在打，那你可能要考虑一下空气中有什么物质刺激到宝宝的鼻腔了，或者宝宝是否对花粉之类的过敏。通常意义上只要不是在开车的司机，打喷嚏都没什么坏处。清理鼻腔还能让精神更清爽，古人可都是花钱买昂贵的鼻烟来追求这个享受的。

宝宝会做梦吗？宝宝做噩梦怎么办？

温馨提示：爸爸阅读本文章后将：睡眠 +2，获得“造梦师 LV2”。

什么是梦？不说那些童话传说或者迷信之类的，梦是人在睡眠时想象的影像、声音、思考或感觉。做梦与快速动眼睡眠（REM，这阶段眼睛会在眼皮下面快速转动）有关，这在动物界中是很普遍的一种睡眠阶段。成人一晚上的睡眠中一般会有 4 ~ 5 个 REM 阶段，这时就会做梦；而在动眼睡眠之间的是慢波睡眠，这时会把之前做的梦忘掉。如果你在动眼睡眠中醒过来，就会记得梦的内容，而那些宣传自己不做梦的同学，八成都是在慢波睡眠的状态下醒来的。

在宝宝睡眠时，家长会发现睡眠中的宝宝会手舞足蹈，表情也是极其丰富。有的人会猜测这是宝宝在做梦，但也有人认为宝宝刚出生还不会做梦。那么，宝宝会做梦吗？答案是：会的可能性很大，但是我们不能确认。因为梦是一种主体经验，通过科学观察只能检测到动眼睡眠，至于有没有做梦只有本人才清楚。因为宝宝没办法和我们沟通，所以我们也无法确认这个事情。不过有两件事情可以推断出宝宝会做梦的可能性非常高。一个是大部分儿童开始学会说话就会表示自己做梦了，另一个是儿童的动眼睡眠占据整个睡眠 50% 的时间，而成人只占 25%，所以宝宝应该会做更多的梦。

家长不用担心宝宝做梦或动眼睡眠太多，会不会造成睡眠不好。做梦本身就是一个很好的巩固记忆的过程，有一种假说，支持的科学家认为：个体的发育和 REM 动眼睡眠有很大的关系，所以随着人体的发育到成熟，动眼睡眠比例会越来越少。支持这个假说的一个有趣的例证是，陆生哺乳动物的睡眠中都有动眼睡眠阶段，而海豚和鲸鱼就观察不到，因为深度睡眠会让可怜的海洋哺乳动物憋死。由于它们没有动眼睡眠帮助幼体成熟，所以导致海豚宝宝出生时就比陆生动物成熟很多。如果下次遇到那些和你吹嘘自己不做梦睡眠好的损友，并不要羡慕他们睡眠质量很好，而是记得回一句：那说明你老了……

当你看到宝宝在睡觉的时候微笑、手舞足蹈，或者皱眉头，你一定会想象宝宝在做一个特别精彩的梦。其实，事实可能会让你失望。梦是基于人现实体验的发挥和想象，就算梦再荒诞不经，那也是你记忆中各个片断和能力的组合。假如你没学过阿拉伯语，你在梦里也不会和人用正确的阿拉伯语沟通。而宝宝的现实经历决定了他们的梦一定也很简单。

成人的梦境大部分都是彩色的，虽然很多时候我们在梦里不关注颜色只关注情节，从而醒来的时候不记得颜色。但四个月之前的宝宝的梦应该都是黑白的，因为这时候他还没发展出来自己的彩色视觉能力。同样的，如费城儿科医院视觉中心 Jodi Mindell 博士所说，小宝宝的梦很可能像无声电影，因为他还没有语言能力，所以他的梦是没有对白的图像。不过还好宝宝过的是简单快乐的人生，就算只能梦到几十厘米内黑白没对白的图像，但是在梦里看到爸爸妈妈的脸或者畅快地喝奶就足够让他开心无比了。

那么，宝宝做噩梦吗？和梦一样，噩梦是人在睡眠中体验的负面感情，所以首先要有负面感情才会有噩梦。如果你不刻意带孩子去看恐怖片这些去吓唬他，3 岁以内的宝宝很少有强烈的恐惧心理的，所以也不会做噩梦；5 岁以下孩子做噩梦的情况很少；在 5 ~ 10 岁时候，大概有 25% 的儿童每周做一次噩梦；十几岁的青少年做噩梦的比例是最高的；成人之后又会有所下降。还需要说明的是，夜惊和噩梦不是一回事，夜惊是发生在慢波睡眠阶段的，这个时候宝宝是没有做梦。

对于宝宝的噩梦，家长该怎么办呢？分一个不精确的年龄组，请参考：0 ~ 3 岁，不要担心他做噩梦，就算他在睡觉的时候张牙舞爪的，那八成也就是在梦里为了抢到一个玩具或者多喝两口奶而奋斗着。你什么都不需要做，该干吗干吗就好了。3 ~ 5 岁，孩子做噩梦的情况还是很少见，但也有可能会发生。这个阶段的孩子还不能清楚地分辨出来梦境和现实的区别，家长除了安慰之外，需要认真地引导和说明。不光是噩梦之后，平时家长也可以和孩子聊聊做了什么梦，让孩子逐渐明白梦是虚假的，这样可以缓解噩梦之后的恐惧心理。6 ~ 12 岁，这时候的孩子基本可以很明白噩梦只是一个梦而已，但是如果当他从噩梦中惊醒，这时候梦中的记忆和图像仍然十分清晰，还是会让他非常害怕和不安。家长也需要给予安慰，倾听孩子讲梦里的事情，发现孩子恐惧的来源并说明和解释。

除了倾听、安慰，说明梦境的虚假外，此外你还能用到的技能是：给孩子一个他喜欢的毛绒玩具；开一个夜灯；讲一个开心的故事；变个魔术，用魔法将他噩梦里的怪物赶走；一起检查房间床底下和衣柜等地方，让宝宝放心那里没怪物和坏人；放一点宝宝喜欢的轻柔的音乐。

如果宝宝做噩梦的频率较高，那么就要想办法减少宝宝做噩梦。改善睡眠环境会让孩子睡得舒服一些，但不是解决源头的方法，比较可能的结果是让梦里世界的温度或者天气更好一些。和噩梦相关的最靠谱的一句话是：噩梦是和现实中的恐惧成正比的。想要减少或避免噩梦，就需要减少孩子在现实中过早、过多地接触令他恐惧的事物。比如生活中各种学习、辅导班、技能训练是否给孩子太大的压力；更换环境，比如上学、搬家都可能对孩子造成不安，这时候需要多进行沟通；家庭本身关系是否融洽，或者是否批评孩子的时候给他太多的不安全感；各种靠吓唬孩子的传统睡前育儿“美德”教育；各种充斥着怪物和反面典型的绘本及动画片；和大人一起看的电视节目中出现的各种灾难、打斗、争吵场面。尤其在国内的环境下，避免在现实中给孩子带来恐惧情绪，不可控因素实在太多了。作为亲身体会过的经验，打开电视的时候默认台正在放的打斗片或者视频网站动画片前的恐怖电影宣传片都会是孩子噩梦的来源。

选择更积极、正面，适合孩子年龄的动画片、电影和绘本，是我们比较有效的防范措施。

给宝宝开空调，是对还是错?

温馨提示：爸爸阅读本文章后将：温度 -10，医学 +2，缓解婆媳矛盾能力 +2。

经常有些爸爸妈妈向我们哭诉，自家老人照顾宝宝的时候，特别反对开空调。如果爸爸妈妈们反驳，他们便会说："你小时候哪里有空调，现在的孩子爱感冒生病就是因为开空调闹的。"其实，反驳"空调让人生病"只需要问一个问题："那些不愁钱的大医院里开空调吗？" 连医院这个全世界最跟病毒对着干的地方都是开空调的，那"空调病"的存在就有点奇怪了吧。

与很多老人担心宝宝吹空调会生病相反，合理使用空调，反而会让宝宝更健康。以我们话痨的风格，是不会只告诉你"医院的产房和婴儿室都有空调"就满足了的，我们会从空调的工作原理开始：不管广告里吹什么高科技概念，空调就是靠着压缩机不断循环压缩，在室外把冷却剂气体压缩成液体，放热；在室内则是液体蒸发成气体，吸热。将室内温度吸到室外，从而达到降温的目的。

当然在制冷的同时，它还做了一件事情，就是排湿，把水蒸气冷却成水流出去。所以空调能做的，不过是提供干燥、凉爽的环境。如果这都会让人生病，那加拿大、北欧以及我们东三省同胞就不会那么魁梧了。

事实上，美国儿科协会（AAP）一直推荐父母在闷热的夏天使用空调。美国婴儿最主要的死亡原因之一是 SIDS（儿童猝死综合征），每年约有 2500 名 1 个月到 1 岁的儿童猝死。美国儿科医生想了很多方法来减少 SIDS，除了将宝宝从俯卧睡眠改成仰卧外，在炎热天气开空调也被证明是可以非常有效地减少婴儿猝死的重要方法。同时，空调还可以减少包括哮喘、过敏等很多疾病的发生。高温和高湿度是两个威胁儿童健康的杀手。儿童的身体对于温度的适应性较差，高温很容易造成中暑、脱水甚至猝死。而高湿度除了加剧中暑的严重性外，也会刺激儿童呼吸道，引发哮喘。更不用说每个宝宝都会得的痱子、湿疹（一部分湿疹的原因是过敏）。

不过空口无凭说没有空调病，一定不能说服各位爷爷奶奶外公外婆，因为吹空调久了就会不舒服，甚至头疼和感冒发烧。其实，大部分是因为空调使用不当造成的。空调能让老人有轻微的不舒服感，是因为老年人本身怕冷，当冷空气直接吹身上会带来体温下降过快的不良影响。而当长时间置身于空调房内，不开窗户换气，容易导致缺氧，从而有头疼，身体酸软的感觉。人是不会因为冷风就感冒的，很有可能是你忘了清洗空调滤网，使空气中细菌较多而引起感冒发烧。此外，即便不开空调，宝宝平均一年也会感冒 4 次以上。

如何解决这些常见的使用不当的问题，我们给家长们提供些合理使用空调的建议：

1. 每年夏天开始使用前，清洗一次空调滤网。如果是冬天也需要使用空调制热的南方城市，夏天结束后也要清洗一次。

2. 在高温高热天气里，一定要开空调！合理使用空调可以避免传闻中的“空调病”，但如果你拒绝开空调，则实际上是让宝宝面对中暑、过敏、呼吸困难、痱子、湿疹等各种风险甚至威胁生命，轻重请自己衡量。

3. 中央空调有换气系统，一般家用空调则没有，这就是为什么在家比在公司吹空调容易头疼。所以如果你家不是中央空调，也没有新风换气系统，那就注意最好只在中午到下午，以及晚上睡觉时使用。而早上和傍晚较凉爽的时候一定要开窗换气。

4. 注意空调出风口的风向，调整风的方向为水平或者垂直向下，避免直接吹到人，尤其是宝宝，婴儿床要在房间中远离空调的位置，这样可以保证温度不会骤然降低，而是缓慢柔和地变化。

5. 温度调节不应过低，不过中国家庭基本都很注意这点，美国儿科医生的建议是在 20 ~ 22 摄氏度，国内家庭估计都在 25 ~ 28 摄氏度吧。

6. 长时间待在空调房内，应注意多喝水，注意皮肤保湿。

7. 如果实在不能使用空调，比如老人不能受凉，那么最好的替代方

案是电风扇 + 除湿机。前提是你能忍受除湿机的噪音。

8. 过度依赖空调也不是好的生活习惯，不要真的试图给孩子创造“恒温”环境。需要合理使用空调，让宝宝逐渐适应热和冷，增强免疫和体温调节能力。

希望这些建议可以带给爸爸妈妈和宝宝一个舒服健康的夏天。作为“三明治夹层”中的爸妈们，在面对老人的不理解时，要耐心解释其中的原由，科学地应对。既不要惹老人伤心，也要保证宝宝的健康。很难，但这是我们的生存模式。

宝宝不穿袜子真的会生病吗?

温馨提示：爸爸阅读本文章后将：物理防御+2，冰系魔法抗值+20。

天气越来越凉了，是否要给孩子穿袜子，衣服要穿多少？这个问题也是常规家庭矛盾之一。今天我们简单地说一下袜子的故事。

关于袜子的争论很多。老一辈人认为一年四季绝对不能光脚，否则就有脚脏了容易生病、寒气会伤身、长大后会有宫寒之类的各种问题；而年轻一代的爸妈们很多时候自己都不喜欢穿袜子，所以也不愿意给孩子穿。所以，矛盾就来了。

袜子的历史很悠久，3000 年来形式和材质都发生了各种变化，功能主要还是那三个：美观、保暖、防护。所有坚持要小朋友穿袜子的人，都是基于这样的理由：脚是人身体中最怕冷的，冷了就生病，所以要穿袜子。袜子可以隔绝空气对流，隔绝脚和地面直接接触，防止汗液直接蒸发吸热，在保暖上的确很有效。不过问题在于，脚真的怕冷到一年四季需要袜子来保暖吗？

为什么人总觉得脚会怕冷，是因为脚除了用来行走、支撑，还和其他很多哺乳动物一样有另外一个功能：散热。脚掌是人体汗腺最密集的部位，会不停地出汗，然后挥发散热，这样人体才能保持体温正常。非洲、南美洲人民几千年都没见过袜子是什么样子，估计他们裹上就中暑了。所以不管是夏天，还是冬天开空调暖气的室内，非给孩子穿袜子，只会降低孩子散热和调整体温的能力，带来中暑或其他相关疾病的隐患。

我们在分析老人为什么爱捂孩子的时候说过，人的温度感觉，不是感觉温度值，而是感觉热量损失的快慢。所以脚散热多自然就会更容易觉得冷。不过“感觉冷”和“一冷就生病”并不是一个概念。脚受冷，人体被刺激到，而变得容易咳嗽、打喷嚏、流鼻涕也是很可能的。但小时候脚受冷，所以长大会得宫寒、风湿之类的病，就完全没有任何研究数据能支持了。日本小朋友从小光脚满地跑，可风湿发病率并不比我们高。即便不要求数据支持，用传统风俗最爱的“合理推导”的方式，只要列举一下脚的特性，推算看看它应不应该怕冷，就会发现bug的所在。

1. 脚天生的工作就是贴着冰冷的地面。

2. 脚是离人体重要器官心脏、大脑最远的身体部位。

3. 脚是人体用来主动散发热量的最重要部位。

脚是一个被设计要求成紧贴地面还负责散热的部位，从鱼类爬上路以后进化了上亿年，现在它居然还成了一受凉就让人得各种病，就有点说不过去。当然这并不是说脚完全不需要保温，和人体其他部位一样，脚也需要注意保暖。因为脚的特点，在低温环境下的确容易冻伤。尤其是血液循环或者体温控制不好的人，比如老年人和婴儿，这些人更需要注意保温防止冻伤。但这和脚怕冷的传闻没关系，耳朵、鼻子、手同样容易冻伤，你相信耳朵保温不好就容易宫寒吗？

具体到宝宝小脚丫的保温问题上，对于两岁以下的宝宝来说，他们的体温控制能力还不健全，因此需要更多地靠衣服来协调。这意味着在天气转凉的情况下，是需要多穿一件衣服和袜子来保温。但在较热的环境下，宝宝就需要少穿一些，脱掉袜子来帮助其散热。

对于宝宝如何穿袜子，爸爸妈妈们需要注意的是：1. 因为脚容易出汗，所以在地砖这种光滑地面上，袜子可以起到防滑、防止摔倒的功能，当然如果你家是地毯或者榻榻米，那么便不用担心这种情况；2. 过紧或者过长时间穿袜子，都会造成血液流通不畅，大人都知道睡觉穿袜子有多难受，所以不要让孩子 24 小时都穿着袜子，灵活地调节室温和使用被子类物品更有效；3. 对于年龄小的宝宝，因为自我体温调节不成熟，所以需要更大幅度地增减衣服。大人觉得热的时候，要给孩子穿得比自己更轻薄，更不要穿袜子；大人觉得凉爽了，孩子便要穿得比大人多一些，就穿上袜子；4. 对于大一些的宝宝，比如两岁以上的，自己体温控制能力比较成熟了，穿袜子的时间可以更少一些，和爸爸妈妈保持一致就可以；5. 每个宝宝的体温调节情况是不一样的，爸爸妈妈要灵活增减衣服和袜子。最简单粗糙的方法是：出汗就脱袜子，小光脚丫凉了就加袜子；6. 脚汗较多的人或者潮湿地域的袜子很容易成为细菌温床，记得要经常更换，否则会容易得皮肤病，比如传说中和癌症一样是诺贝尔级别的高级病种：香港脚。

总体说来，脚不可能是人体里最怕冷的地方，虽然袜子可以起到防止滑倒或者冻伤的作用，但也不能一年四季每天都穿。脚凉一些会让一些人身体不舒服，但是没理由让小朋友长大就得什么奇怪的病。对于血液循环不好的人，比如老年人，脚冷挺难受的，每天坚持泡泡脚就好了。大多数父母和老人容易在育儿问题上起争执，相当一部分是拿自己的感受来替孩子着急。虽然宝宝比较小，但他也有自己身体感知外界温度的能力。父母应该多观察孩子的行为和感受，从而做出合理的判断就好了。

2 ~ 3 岁的宝宝夜里被憋醒，如何解决？

温馨提示：爸爸阅读本文章后将：睡眠质量 +2，选择困难症 -1。

我们必须承认，在从知道怀孕了那一刻开始，爸爸妈妈就经常会遇到两难的境地，无从抉择，就如同这一个：在宝宝已经 2 岁前后，白天可以独立上厕所了，那夜里被憋醒了，你要怎么办？你的选项有很多：首先在睡觉前需要选择是给宝宝穿上纸尿布，等到半夜如果湿了再去换，还是干脆就赌一把，湿了就换床单；还是到了半夜，感觉差不多时间摇醒他把尿，或者直接等宝宝被憋醒后再带他去厕所。那让我们一个个来表态。

父母最差的选择，是到规定时间把宝宝摇醒把尿，首先把尿就是错误的选择，因为你强迫宝宝中断睡眠，这不利于宝宝养成良好的睡眠规律。对于成年人，被人从睡眠中叫醒都是一件怒火中烧的事情，更不要说快速成长期的儿童，睡眠是他们目前人生中更加重要的组成部分。家长应该做的是尽量延长其夜间睡眠的时间，改善睡眠质量，而非人为中断。当大人摇醒宝宝去把尿时，相当于有人来告诉宝宝的生物钟，你该去上厕所了，宝宝不能将自己的“憋”的神经信号转化给身体“自然醒来”的指令。那么，宝宝就一直无法锻炼这个条件反射，只能靠家长的提醒去上厕所。如果家长不提醒了，那么宝宝该尿床时还是会尿床。因此，更好的选择是不管孩子，让他自己决定是憋醒去上厕所，还是憋不住了直接就地解决。父母不要觉得宝宝 2 ～ 3 岁了还半夜尿床是一件很丢人很有压力的事情。“失败是成功之母”，爸爸妈妈失败了，孩子才容易成功。要勇于给自己和孩子尝试和失败的机会。更重要的是，这样可以培养孩子自己的睡眠习惯和生物钟，这对于他的发育会有更积极的影响。

那剩下的问题就是，孩子很有可能没有憋醒，而是在床上解决了，对于这种情况，是之前就穿好纸尿裤，还是不给他穿，如果尿湿了就换床单被褥？国内家长针对纸尿布一直有很多疑问和困惑，不过作为一个已经诞生几十年，被数以亿计的宝宝使用过的产品，是不可能真的对孩子造成谣言中的那些问题的。只要注意一些基本使用常识，比如及时更换，选择适合自己宝宝材质和品牌的，不对皮肤过敏，尺码正确就不会有问题。

对于选择穿不穿纸尿布，其实更多的是家长自己的选择，如果家长认为换洗床单是无所谓的轻松工作，那么不用纸尿布也没什么，还比较省钱。如果觉得换洗床单太费劲，或觉得总洗床单太不环保，那么就可以选择穿纸尿裤。但在一些比较特殊的情况下，对宝宝来说，使用纸尿布要更好一些。比如：1. 房间温度较低的时候，不穿纸尿裤的话，宝宝尿床后更换床单很麻烦，很容易让宝宝受凉生病。2. 宝宝本身生病或者刚刚痊愈的时候，同样穿纸尿裤可以让宝宝休息得更好，减少病情的反复。3. 外出旅行或其他类似情况下，尽量使用纸尿裤，以免造成不必要的麻烦。4. 即便宝宝尿床，一定不能过度强调此事，加重其心理负担，这样会使得尿床的情况更加严重。如果发现宝宝有心理压力，那就换上纸尿裤，缓和几天。

这些只是关于宝宝尿床比较基本的经验，具体还需要各位爸爸妈妈在生活中自己努力摸索宝宝的习惯和爱好，帮助宝宝度过这段“易发水灾”的日子。

幼儿园门口的“分离焦虑”

温馨提示：爸爸阅读本文章后将：心理承受力 +2。

最近这些天，是幼儿园开学的日子，每天都上演着各种悲欢离合的大戏。即便是一些中班、大班的宝宝，经过暑假再回幼儿园也会大哭大闹一下，和家长一起进入“分离焦虑”状态。那么，如何面对和消解这种焦虑呢？

“不久前，爸爸妈妈告诉我，我不能在家里玩了，我要去一个叫‘幼儿园’的地方‘上学’，需要每天在那里待很久。今天我就到了这个奇怪的地方，有好多我不认识的大人，也有好多我不认识的小朋友，很多小朋友在门口哭，妈妈告诉我要听老师的话，老师是谁呢？我饿了怎么办，想上厕所怎么办，要待多久，妈妈说她下班来接我，下班是什么时候呢？怎么办呢？哭一下试试看能不能不上学好吧。”这就是一个第一天上幼儿园的孩子最普通的心理活动，绝大多数宝宝都会产生这种分离焦虑，家长也会。

这种焦虑主要来自不安全感，针对不安全感，家长能有哪些解决方法呢？

首先，永远不要用“上学”来吓唬孩子。学校应该是一个让孩子更快乐，学习更多知识，认识更多朋友的地方。家长应该首先相信幼儿园、相信老师、相信孩子，而不是把上幼儿园想成一件负面的事情。听上去很简单，实际上却是很难的事情。回想一下，有多少次听到身边的爸爸妈妈说“再不听话就送你去幼儿园”。嗯，当家长自己都把上幼儿园当作是对宝宝的惩罚，那孩子怎么能热爱上学呢？

其次，不要做过多的心理建设。虽然家长都恨不得写出一本百科全书型的幼儿园使用手册给孩子看，但是这只会加强孩子对幼儿园产生未知存在的恐惧感。为什么我要去一个这么陌生的地方？这地方有多可怕以至于爸爸妈妈要和我说这么多？要忍住那些提醒的冲动，除了一些最基本的提醒，比如“想上厕所的时候要告诉老师”外，其他的话能少说就少说。尤其是“有陌生人如何如何”、“×× 欺负你如何”这种负面语句，与其说是心理建设，不如说是恐吓了。

然后，父母应该帮助宝宝尽快建立社交圈子。大部分宝宝开始上幼儿园的时候都不太懂得交朋友，家长可以加速这个环节，如果幼儿园没有开家长微信群，就自己串联开一个。周末的时候，相互约着一起去游乐场或者公园 social 一下。除此之外，每天放学聊聊幼儿园里的各种八卦也是不错的方法。

再次，让孩子了解自己的日程安排。不要说“妈妈下班来接你”，“你放学我就来接你了”。下班、放学，这种时间概念对宝宝来说毫无意义。换那些让孩子能一下明白的事情，比如“你吃完午饭”或者“睡醒下午觉”，这样孩子可以更清楚地知道需要在幼儿园待多久。同样的，可以了解一下本周宝宝食谱，告诉孩子“明天你有包子和花卷吃哦”。这样孩子起码知道辛苦上学会有什么收获。

父母还可以根据自己宝宝的爱好来提升宝宝对幼儿园的期盼值。喜欢热闹的孩子就告诉他幼儿园有很多小朋友一起玩，喜欢玩具的就告诉他幼儿园有很多玩具可以玩。总之，利诱是一种比威逼要好太多的沟通方式。

和宝宝告别一定要快速。大部分宝宝都会在开始上学的时候哭闹，父母不要幻想多哄一会儿哄好再上学，更不要相信孩子说的今天不去明天就会乖乖上学。送孩子上学和恋人分手一样，纠缠只会互相伤害。

最后，对于那些把孩子送去幼儿园就一天神情恍惚的家长，请了解这其实是家长难得的 3 年幸福时光：不需要做三餐，8 点上学，5 点下课，没有作业，没有辅导，没有考试，没有升学。请把宝贵的焦虑留到高三复习阶段吧。

分离焦虑是一个会持续很久的问题，父母也千万别认为几天就会解决，必须做好长期战斗的心理准备。这是一个环境改变下最正常不过的心理反应。孩子需要家长的鼓励和帮助，从这一天开始努力走到社会中，去了解外面的世界，而不是带回温室养起来。上幼儿园会不开心，会容易生病，这个世界的确有冷酷和痛苦的一面，但是更多的是无穷的可能性和快乐。爸爸妈妈们，每天传递正能量的情绪，为自己和孩子加油吧！

为什么孩子会不停追问，认真回答和敷衍有什么区别？

温馨提示：爸爸阅读本文章后将：耐心 +2。

如果你是一个虽然被各路育儿专家天天念叨“一定要耐心回答孩子的问题”，但还是会害怕被孩子追问“为什么”的爸爸，那么这篇文章可能会回答你的这个疑问：我明明回答了问题，但为什么孩子还是会一直追问“为什么”呢？

为什么孩子会连珠炮一样追问一堆问题？除了他们有更强的好奇心外，更重要的是他们还敢于质疑你，对你最初的答案表示不满意。不出意料的话，大部分中国儿童的这种敢于质疑的天性，将在未来学校、家长和社会的一起努力下损失殆尽。

这种对结论保持怀疑的本能，是人类进步的原动力之一，我们曾经问过“为什么太阳围着地球转”或者“为什么苹果会掉下来”。不过当宝宝们还在遵循本能毫无畏惧地质疑的时候，在应试教育、人际关系和职场智慧中长大成人的我们，却成了连“为什么要给孩子穿开裆裤？”和“为什么 WiFi 会成为卧室杀手？”都不愿去追问的模样。

作为父母，也许我们无法去控制学校和社会的大环境，但孩子未来的独立思考和创造性，最开始的基础是来自家长如何对待宝宝的每一个“为什么”。因为家长到底是认真回答了问题，还是敷衍，将会带来两种完全不同的情况。

在 2009 年，美国密歇根大学针对几百名 2 ~ 5 岁的儿童进行了一次为期 6 个月的调查研究。他们设计了几组实验，通过奇怪场景来引发孩子问“为什么”，比如让孩子看到研究员往麦片里倒橙汁等等。而当孩子提问的时候，一组家长会认真回答：“那个人把橙汁当牛奶了”；而另一组家长则选择敷衍：“嗯，嗯，橙汁挺好的”。结果差异非常明显：认真组的孩子只有 1% 的会重复问题，但有 37% 的儿童会开始问其他的延伸问题；而被敷衍的儿童则有超过 20% 会重复问原来的问题，只有 9% 会问延伸问题。

那么，回忆一下你家那个一直问个不停的小魔王的运行模式吧。如果他一直问一个问题，就表示你的答案很敷衍；如果他会像上周故事里的小姑娘一样一个接一个问新问题，恭喜你，你是一个可以令人信服的好家长。

父母是孩子的第一任老师，在未上幼儿园之前，你如何对待他的好奇心和求知欲，很大程度地影响着他未来的学习心态和行为。有些家长会不停抱怨自己孩子学习不认真，这些不认真也许就是最初从自己身上学到的。所以，对待孩子的十万个为什么，父母要有些责任感和耐心。孩子将来是否成为学霸并不是重点，重要的是他是否有一份对知识的探索精神和专注。

饭桌上手机和亲子关系的研究

温馨提示：爸爸阅读本篇文章后将：儿童心理学 +1，饭量 +2。

2014年3月，美国《儿科》杂志刊发了波士顿的几名医学博士的论文：《关于在快餐馆用餐中，使用移动设备的照料者和孩子之间行为模式的研究》。说白了就是吃快餐的时候，家长要是总玩手机与不玩手机的会有什么区别。鉴于目前，国内手机普及率的增加，多数人几乎机不离手，吃饭看手机已成了习惯，更甚者没法过一天没有手机的日子。我觉得这篇论文的研究结论是很值得家长朋友参考的，尤其对于有宝宝的家庭来说，家长经常玩手机对宝宝又会有什么影响？

研究人员在2013年7月到8月间，潜伏在波士顿不同富裕程度的多个城区的15家快餐店，秘密观察了55个在快餐店就餐的家庭，然后根据观察情况总结成了这篇论文。调查报告的结论是这样的：在这55

个家庭中，有 40 个家庭的家长都会在吃饭的过程中使用手机，手机对亲子关系的影响程度会根据家长对孩子和手机哪个优先级更高，以及家长对手机使用的频率和持续时间不同而改变；相应地，孩子也会对此做出反应，从自己玩耍到用各种不当行为唤起家长对自己注意力的行为。而对手机投入程度最高的家长，对孩子的不当行为会以更严厉的方式回应。

直白地解释下就是，在这 55 个家庭中，大概有 1/ 3 的家庭基本没有受到手机的影响，他们或者没拿手机，或者把手机放在比较远的地方；而大多数的家长都或多或少地使用了手机。对于所有使用手机的家长，他们使用手机的习惯和亲子交流程度是相对的，报告记录了这样的几种模式，国内的爸爸妈妈们可以对号入座：沟通最好的是那些只用手机接听电话的家长，可以明显看出这些家长在接听电话的时候，也会用眼睛和孩子保持一定的沟通，这些家庭的孩子表现和不使用手机的家庭基本上没有区别；其次是间断性地拿起手机，打字或进行其他操作的家长，他们每次使用手机的时间很短，这些家长相对比较好地在手机和孩子之间保持平衡，他们会选择孩子在自己玩耍或者吃饭的时候操作手机，在孩子需要沟通的时候回头跟孩子沟通；而同样有 1/3 的家长在吃饭的全程都不断地使用手机，包括通话和打字，这些家长在用餐过程中基本上和孩子不进行沟通，如果孩子提问基本上只用简单的词或者点头来回答。

研究人员还观察了孩子的反馈，当家长刚开始用手机的时候，孩子的表现基本上还是保持不变，但当家长持续使用手机一段时间之后，孩子就会开始有反馈，年纪较大或者多个孩子的家庭相对好一些，但是总体来说，当家长长时间使用手机而忽略孩子之后，孩子开始寻求通过一些“不听话”的举动来唤起家长的注意力，比如踢桌子等等。

最后，他们表示这个研究只是他们研究计划中初级的一环，希望通过这个调查唤起更多的关于手机等技术设备和亲子关系之间的研究。但是目前下任何决断性的科学结论，还为时过早。

从一小时爸爸的角度来看，智能手机侵入我们日常生活是大势所趋，这不是说一句好或者不好就能改变的，但是对于所有爸爸妈妈来说，我们建议在和孩子一起吃饭、娱乐的时候，可以使用手机，但是不要连孩子说什么都听不见。做对聪明的父母，合理安排手机和孩子在生活中的比重。当孩子自己玩得不亦乐乎的时候，我们还是会有大把的时间回归自己的世界，玩手机的。

关于孩子视力的 11 个谎言

温馨提示：爸爸阅读本文章后将：健康学 +2，眼力 +2，获得“千里眼 LEVEL1”称号。

这段时间，我们总是收到爸爸妈妈们发送给我们关于儿童视力的文章，大多都是吓唬父母的一些商业软文。也有些父母朋友的家庭矛盾问题，例如老人会每天都让孩子吃红萝卜来提高视力。我想 80 后的父母自小都会对胡萝卜有阴影吧，哪里能忍受天天吃。为了让家长朋友们安心，老人们能正确理解孩子的视力问题，我们就详细谈一谈关于儿童视力的 11 个坊间谎言，希望不要再将错误观念一代代传播。

吃胡萝卜提高视力

不少父母都认为孩子吃胡萝卜对视力有好处，所以会时不时地逼迫孩子吃。这就是为什么我们长大后，当来自五湖四海的同学聚在一起时，

“讨厌吃胡萝卜”成了一致的童年记忆。其实，这个谎言是起源于二战时期，英国为了不让德国发现雷达的秘密，从而散布：“我们能那么快发现德军飞机，是因为我们飞行员天天吃胡萝卜来提高视力。”不知道德军有没有上当，但这70年来倒成功骗了几代家长。虽然胡萝卜里的维生素A和胡萝卜素是有保护眼睛的功效，身体缺少这些元素的话可能会患一些眼睛疾病和导致视力下降，但这和提高视力是完全没关系的。而过量摄入VA和胡萝卜素则会对身体造成伤害，并且食品中含有VA的食物有很多，例如牛奶、芦笋等等。所以只要宝宝正常地全面饮食不偏食就可以了，没必要让孩子跟兔子一样天天啃胡萝卜。

在昏暗灯光下阅读有损视力

虽然良好的照明可以减缓眼睛疲劳，让阅读更舒服，但是在昏暗的灯光下阅读也是不会造成伤害的。疲劳如果和伤害是等同的话，所有健身教练就是谋财害命的现行犯了。而关于阅读时选择什么灯光对眼睛有好处，我们在前面的文章中也有提及。父母们可以翻书寻找，如果还有疑问，可以加入我们的微信公号，直接咨询。

看电视不能离太近了

不管离电视的距离有多近，都不会伤害眼睛的，疲劳和伤害是不同的两个概念。美国眼科学会（AAO）的报告中说明，孩子的眼睛相对大人来说更不容易因为近距离观看而疲劳。所以就跟怕冷的老人总会给孩子裹上很多衣服一样，觉得近距离看电视会不舒服，也是我们成年人的一厢情愿。至于说怕电视辐射这种观点，我们在之前批判微波炉有害论的时候就说到了："致癌最多的电磁辐射源其实是太阳，不如不要晒太阳试试？"

看太多电视对眼睛不好

这种典型的Technophobia（科技恐慌症）论调，其实反而会误导父母。问题不是电视本身，而是长时间不运动造成的肥胖、缺乏沟通造成社交能力下降等等。就算你封掉电视，如果没有更好的社交、体育活动替代品，一样会造成同样的问题。不恰当地对比一下，在电视儿童和网吧少年、街头小混混中，似乎还是前者好一些吧。对孩子造成不良影响的不是电视，而是缺乏更好的社交活动。

用电脑对眼睛不好

用电脑虽然意味着更近的屏幕和更长时间的注视，但是一样不会损伤视力，只是太长时间的注视会减少眨眼，从而造成眼睛疲劳。但这个问题对于任何长时间注视一个物体的眼睛都是公平的，看纸质书、看Kindle的时间长了其实也是一样，不管你的孩子是在阅读什么，都要提醒他经常休息一下，缓解疲劳（不光是眼睛，更多是身体的）。

用iPad等平板电脑对眼睛不好

家长们如果想减少iPad对孩子的不良影响，除了和电视一样地注意保证孩子体育户外和社交的时间外，还须要注意绝大部分APP其实不是给孩子设计的。如果你使用的是iPad会好一些，苹果对儿童心理健康的保证要远远强于安卓系的厂商，所以APP Store上有注明适合年龄。

如果是用安卓或者从其他软件商店下载的应用，家长就需要自己多看看，试用一下，再决定是不是给孩子使用（这也适用于看动画片对孩子的影响，请家长更注重心理而不是眼睛，如果你的孩子在看某羊、某狼和某熊，视力绝对不是你要担心的问题了）。

色盲都是男孩子

虽然有 8% 的男性色盲率肯定是稳操胜券了，但是其实还是有 1% 的女性也是色盲。有宝宝的家庭，父母都应该注意这个问题。在孩子能说话后，训练孩子识别颜色的能力，如果发现异常，及早到正规医院检查。不能因为这种说法，就放心忽视宝宝的视力。

孩子出生以后眼球就不会再变大了

宝宝出生之后，他的眼球还是会继续成长的，虽然和身体其他部位相比，眼睛成长的比例要少很多，但是会持续整个发育阶段，这不光是美观的问题，同样也是孩子的视力变化的原因之一。

总对眼或者对眼被吓就会真的变成对眼了

这种吓唬孩子的说法，其科学性和吃了耳屎就会变哑巴是一样的。孩子玩对眼虽然很难看，但是不会真的变斜视。如果你的孩子真的有眼睛斜视的问题，请尽快去儿童医院眼科就诊，请医生诊断如何矫正。在中国父母教育孩子的过程中，经常会用“恐吓”这一招治孩子的各种顽皮行为，而且屡试不爽，甚至有些“恐吓”观点就被一代代地传播下来了。随着社会的进步，人类素质的提升，这种育儿方式，是不是有些不科学，对孩子形成正确的世界观也有很大影响。这是需要父母们反思的一个问题。

太早戴眼镜就摘不掉了，所以不要戴

随着年龄变化，孩子的视力情况（近视、远视、散光）也会有变化，原因很多，但起决定性的还是基因遗传，这和是否佩戴眼镜或者佩戴时间、频率关系并不大。如果发现孩子看东西习惯性眯眼，总吵看东西模糊，眼睛容易疲劳，那么父母就需要及早去医院为孩子检查视力。根据医嘱，为孩子及时配置眼镜。如果因为这些坊间流传的说法，而耽误了孩子治疗的最佳时间，那么后果不光是摘不掉眼镜，还会让孩子养成看东西爱眯眼、喜欢贴着书看等不好的用眼习惯。

如果父母视力不好，孩子也很可能视力不好

最不幸的是，只有最后一条其实是真的，造成视力问题的决定因素是遗传基因，如果孩子视力不好，请不要责怪电视或者 iPad，问题有一半来自你的 DNA。另一半问题从 N 年前你选择妻子 / 丈夫的时候，就基本决定了。这并不是要爸妈们放弃孩子的眼睛，因为让孩子有良好的用眼习惯才是比防止近视更需要爸妈们注意的问题。

其实，从宝宝出生的那一瞬间，他就开始努力发展自己的视觉系统了，在刚出生的时候，宝宝的视力是 20/400（他看 20m 外的物体如同我们看 400m 外的物体感觉一样）。他只要 3 ～ 5 年的时间，就能获得和成人一样的视力。所以在宝宝最开始的几个月里，视力发育是非常重要的。这个时间段里，爸爸妈妈们须格外注意。

车上最安全的位置令人出乎意料

温馨提示：爸爸阅读本系列文章后将：生命值 +200，安全意识 +5。

最近，有一位女士跑来找我们求助，她说："家里有个两岁宝宝，每次开车出去，家中老人总会抱着孩子坐在副驾驶上，跟老人也沟通过多次比较危险，但老人就认为有自己护着，怎么可能有危险。"所以，她想知道车上最安全的位子是哪里？由于国内人们对安全座椅也是近两年才提起认识的，大部分人对它还很陌生，选购的标准又是什么？我想这个问题的答案在很大一部分家长心里也是模棱两可的，那么，我们就把这个问题掰开了好好说一说。

其实，"汽车上哪个位子最安全"是一个长盛不衰的讨论话题，各种大牛们通过分析司机心理学或者汽车力学来得到不同的答案，不

过美国布法罗大学 (Buffalo University) 和俄亥俄州立大学 (Ohio State University) 分别调查研究均给出了一个出人意料的答案——汽车上最安全的座椅是后排中间处。

通过翻阅资料我们可以看到，大约十年前，美国人民认为后排靠窗的座位更安全，不过随着各种数据统计结果显示，在交通事故中，后排中央的座位因为离碰撞点最远，是最安全的座位。如果汽车发生翻转，这个座位同样是旋转和碰撞最轻的地方。目前美国国家高速公路安全委员会 (NHTSA) 和美国儿科协会（AAP）已经建议家长将儿童座椅尽量地安装在后排靠近中间的位置。当然，同样的道理，如果你驾驶的是一辆三排座的 SUV 或者 MPV，最安全的是中间排的中央。

根据布法罗大学的统计结果，在 2000 年至 2003 年的致死交通事故中有后排乘客的 6 万起交通事故中，扣除了后排中央没有乘客的近 3 万起案例后，研究员发现后排比前排乘客的致死率低 59% ~ 86%，而后排座位中间乘客比靠窗的要更安全 25%。

所以，如果我们想更安全，那请坐到最不舒服的位子上吧。当然在推荐后排中间座位给爸爸妈妈之前，需要声明两点：1．后排座位不系安全带的乘客死亡率是系安全带的 3 倍左右（34.6%:14.9%）。2. 尽量选购后排座椅中间位置有三点安全带而非腰带的汽车，腰带的安全性相对差很多，同样的如果你需要安装儿童座椅，请选择中间可以配有 ISOFIX 或者 LATCH 系统的汽车。

假如你想问“如果不系安全带，汽车上哪个位子最安全”？我们只能回答说“中国人那颗挚爱自由又怕死的心，是永恒的未解之谜”。在生活中，我们也看到总有家长抱着孩子坐在前排副驾驶座上，出车祸导致孩子受伤的新闻。不过就算这种新闻再层出不穷，路上还是总会有坐在前排、车里乱跑甚至钻到天窗外面的小朋友。对比家长对 PM2.5、有机食品、甲醛之类的担心程度，只能说国内不少父母的安全意识还是停留在“安全很重要，麻烦就算了”的状态上。

了解了车中最安全的位置后，我们接下来跟爸爸妈妈们说一说儿童安全座椅的知识，希望能解答你们的疑惑。

家用汽车选购标准一定要适合宝宝

是的，请不要觉得我们在开玩笑，很多家庭都会在孩子出生前后换车，不过大部分父母选购汽车的主要点是车内空间、环保等问题上，其实更需要注意的是这辆车是否符合安全座椅设计标准，比如欧洲强制的 ISOFIX 设计和美国的 LATCH 设计，而国内一些汽车厂商都不愿意为这个增加成本，让我们对这些忽视孩子安全的车说 NO 吧。

儿童车内安全的四个阶段

儿童车内安全设施是分为四个阶段的，面向后的摇篮式座椅、面向前的包裹式座椅、增高垫、安全带。不少父母觉得孩子长得特别快，干脆直接买一个稍大点，宝宝使用时间还长些。这是中国家庭为孩子买东西的标准之一“买大不买小”，但对于安全座椅来说，请不要太早升级。因为升级到下阶段的简单判断标准是，孩子的身高体重超过这一级别的上限。后向式座椅是可以从出生开始使用，直到上限（18kg 左右）；前向式座椅从孩子超过 10kg 才可以使用，直到上限（30kg）；增高垫从 18kg 开始使用，直到上限；超过 36kg 的儿童可以只使用安全带。安全座椅的使用价值是以保证宝宝在车内的安全度来衡量的，并不是宝宝能使用多少年。谨慎贪小便宜，吃大亏。

不是所有安全座椅都适合你的车

除了前面说到不同车可能会支持不同的安全座椅安装系统外，车子的空间也是会限制你购买安全座椅的原因，如果你千辛万苦从美国扛回来一个昂贵的安全座椅却发现比你车里空间大，那就只能送人了。千万不能将就，如果硬用各种方法把它固定在车内，那么安全座椅也便不再安全，甚至会成为致命的工具。

安全座椅不是传家宝

传递不用的东西，这是爸爸妈妈们惯用地维护友情、亲情的方法。不过安全座椅是有使用年限的，超过 6 年的安全座椅，请拒绝；没有说明书、缺失零件、没有型号的，也请拒绝好心的亲朋；如果有损坏或者使用中经历过车祸的安全座椅，也要请拒绝。

性价比没有宝宝安全重要

性价比永远是我们购买商品的标准之一，要克服它！尤其是儿童安全产品，请买你能接受的价格上限的。一分钱不仅是一分货，而且是你宝宝生命的多一分保障。

前排座不是地狱，怀抱才是

我们一直认为那些抱着孩子坐前排的家长是不负责的，问题不在前排这个位置，而是你自认为安全的怀抱才是最危险的。因为如果遇到事故，副驾驶的安全气囊会打开，孩子承受的压力会比你更大，从而导致孩子受到伤害。在车中，安装安全座椅才是保障孩子的根本。如果你的车只能在前排安装座椅（或者你的车就一排座），那么请保证关闭副驾驶的安全气囊，并将座椅拉到最后的状态。加拿大交通部建议，12 岁以下的孩子就算已经超过 36kg 可以直接使用安全带也不要坐到前排座。可见，安全气囊对较小的孩子来说并非一个保障。

安全气囊和安全带都不安全

安全气囊的设计是为了保护成年人的，如果是后向式安全座椅，坚决不能安在前方有气囊的座位上。不管你使用第几阶段的安全座椅，请确保安全带是正确地绑住了孩子，确保安全带是在孩子的肩膀和臀部高度，而非脖子、胳膊和胃。还需要家长注意一点的是，大人抱着孩子系安全带不是让孩子更安全，而是更危险。

拿出父母的气魄来

孩子没有喜欢被约束的，但是不管如何必须坐安全座椅，假如这点都无法要求，何谈你作为父母的气魄呢？动动脑子吧，威逼利诱，糖果炮弹，总之孩子不愿意坐不能成为你的借口。

可以登机的安全座椅

飞机的安全带一样不是给孩子设计的，所以一些安全座椅是经过FAA（美国联邦航空管理局）认证的，你可以购买这样的产品携带登机，让你的孩子在空中也得到最好的保护。

总之，家庭车内最安全最完美的情况是你购买了一辆配有 ISOFIX 系统的汽车，一个符合你孩子体重的优秀品牌的优质安全座椅，安装在最好的后排位置上。不过在国内这似乎是一件很麻烦的事，麻烦到让相关部门懒得出强制要求和标准，也让中国父母提不起注意，懒得使用安全座椅。如果你实在因为各种原因不能按要求给你孩子最好的安全保证，那么就请切记：最不负责的状态就是让孩子不系安全带在车里乱跑，因为这表示你主观根本不在乎孩子是否安全了；也不要抱着孩子坐车，因为这样表示你的常识很差。就算是最差的情况，也总要给他买一个垫子，使宝宝系上安全带时，能避开脖子和胃。虽然这样也是非常不安全的，但比起家人的怀抱来说，相对安全一些，就请注意缓慢地驾驶吧。

如何才能让孩子科学健康地玩耍？

爸爸们简单易操作的两则科学小实验

温馨提示：爸爸阅读本篇文章后将：物理 +2，动手能力 +2，迅速提升成孩子眼里的“超级爸爸”。

香蕉会自己剥皮吗？

在我们身边有一个几乎无处不在，却很少被人感觉到的事物：大气压。大气压的发现，可以说是现代科学发展的里程碑。马德堡半球之类的大气压实验也成为少年儿童科学学习的基础。因为从这个实验开始，我们才真正明白，原来这个世界不仅仅是我们眼睛看到的那么简单。

不过用不着十几匹马和两个密封金属半球，我们也可以在家简单地给孩子演示出来大气压的存在。只需要一个瓶子，一点酒精，棉球，一个香蕉或鸡蛋。选择香蕉是因为香蕉很容易和自己的皮分开。借助大气压，我们可以让香蕉给自己剥皮。找到一个大小比较匹配的香蕉和瓶子，香蕉最好已经成熟了，而瓶子口应足以让香蕉肉进入。把香蕉末端的皮剥开一些，把棉球蘸满酒精放入瓶中，用火柴或者纸条点燃扔进瓶里引燃酒精棉。燃烧几秒钟之后把香蕉的末端放在瓶口上，堵住瓶口。

这时一个有趣的现象发生了，香蕉会逐渐钻到瓶子里，而香蕉皮则会被剥开留在瓶外。有时候香蕉皮不那么容易分开，你可以之前偷偷在皮外面划上几道浅切口，让香蕉皮可以顺着切口剥开。

类似的实验也可以用鸡蛋来做，把剥开壳的熟鸡蛋，放在一个比它要小的瓶口，点燃酒精棉之后，鸡蛋就会钻到瓶子中。如果你的时间比较充裕，可以先把生鸡蛋放在醋里面泡一晚，当壳变软之后，同样可以表演生鸡蛋钻瓶子。

这个实验就是证明大气压存在的最简单的方法之一，不过为什么瓶内的气压会变化呢？一种说法是氧气被消耗了，另外一种是空气的热胀冷缩，你觉得哪种更正确一些呢？跟孩子一起思考下，也许是一日中不错的家庭活动。

神奇的气球隔山打牛

气球是小朋友们最喜欢的玩具之一，同时也是我们很喜欢用来做科学实验的道具。不过使用气球做道具的时候，一定要注意安全，佩戴好护目镜。

武侠小说里最神秘最神奇的武功之一就是“隔山打牛”，被打的没事，其他人遭殃。为什么神奇？因为这不科学。不过用气球，我们可以做一个科学的隔山打牛实验。

实验所需要的工具很简单，两个气球，一个透明的，一个黑色的，此外，还需要一个放大镜。这个实验需要在一个晴朗有太阳的天气下进行，如果阴天下雨就先等待一下吧。

先将透明气球吹大概一半大小，小心地将黑色气球从透明气球的口里塞进去，不要漏气太多。然后在黑色气球内吹起，不要吹太大，一半大小之后，将黑色气球封口。再继续小心地将黑色气球完全塞到透明气球中，继续吹透明气球到标准大小，封口。保证黑色气球在透明气球中可以自由滚动，这样效果最好。

用放大镜对着阳光，将阳光折射到气球里，很快，里面的黑色气球便会爆炸，但是外面的透明气球则安然无恙。

原理其实大家都想得到，黑色吸热。相比较外层透明气球会让大部分光线穿过，黑色的气球则可以吸收大部分的可见光，将光能转化为热能。而在放大镜把光线集中在气球的某个点之后，高温破坏气球的薄膜结构，当这个点无法承受张力的时候，气球就爆炸了。

此外可以延伸思考的是，爆炸一般意味着内部高压气体的膨胀扩散。那么在这个实验里，当黑色气球爆炸之后，外部的透明气球，会不会因为黑色气球内部高压气体的膨胀，而变得更大呢？

1～10 岁宝宝能玩的 6 种最好的亲子户外体育运动

温馨提示：爸爸阅读本篇文章后将：运动技巧 +2，准确性 +1。

天气越来越暖和了，五一假期也近在眼前，如果天气晴好、空气清新，爸爸妈妈要多带宝宝一起去公园草坪接触一下大自然。那到底玩什么好，怎么玩对宝宝好，成了爸妈们谨慎而又头疼的问题。我们有几种安全科学的户外亲子运动来讲给大家做参考。我们推荐的运动都是投掷等目标类游戏，目标类游戏的好处除了增加宝宝的手眼协调、平衡能力和控制能力外，最重要的是，通过这些运动，爸爸们便能练就一身本领，可以尽情出没于各种游乐场，成为宝宝眼中的砸娃娃超人和让主办方血本无归的噩梦。

运动 1：套圈（推荐宝宝年龄：18 月 +）

场地难度：1

推荐度：3

成本：10 元以内

推荐购买渠道：淘宝

不要以为套圈这种游戏很土，这可以作为所有目标类游戏的入门课程了。随着宝宝年龄和熟练度的增长，可以通过增加距离或者更换目标物来调高难度，保持游戏的兴趣，套中的东西也可以成为给孩子的奖励。

运动 2：粘粘球（推荐宝宝年龄：2 岁 +）

场地难度：1

推荐度：2

成本：40 元以内

推荐购买渠道：淘宝、迪卡侬

粘粘球比赛是非常适合孩子和家长一起娱乐的活动，家长和孩子可以在不同距离上进行投掷来达到更好的公平性。如果空间足够，其实这个游戏也可以放到室内来玩。

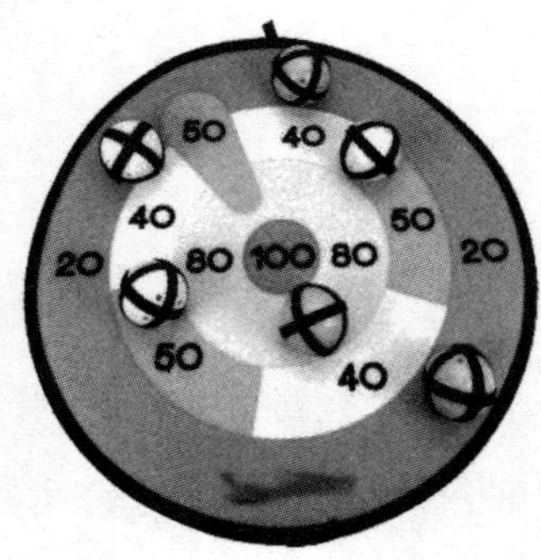

运动 3：法式滚球（推荐宝宝年龄：4 岁 +）

场地难度：2

推荐度：2

成本：40 元以内

推荐购买渠道：淘宝、迪卡侬

法式滚球（Petanque）是 1907 年诞生于法国南部小镇 La Ciota 的一项运动，特点就是规则简单、运动量低。因此这个项目老少皆宜，在法国成为全民运动。全家人可以一边玩球一边聊天，喝点饮料吃点点心。比赛的规则非常简单，画一个圈，扔出去一个小球做目标，然后每个人轮流瞄准小球的位置扔出自己的大球，也可以砸开别人的球，最后离小球最近的大球是谁的，谁就赢了。

运动 4：高尔夫（推荐宝宝年龄：4 岁 +）

场地难度：3

推荐度：3

成本：150 元以内

推荐购买渠道：迪卡侬

国内一直被人们看成是高大上的高尔夫运动，其实也是一个不错的从娃娃抓起的运动选择，不需要买昂贵的会员卡，也不需要去练习场，买上一组软球和球杆，找个草坪或者水泥地，随便指定一个目标，把球往那边打就是了。小朋友也很有可能会发明一些有趣的自己的玩法。

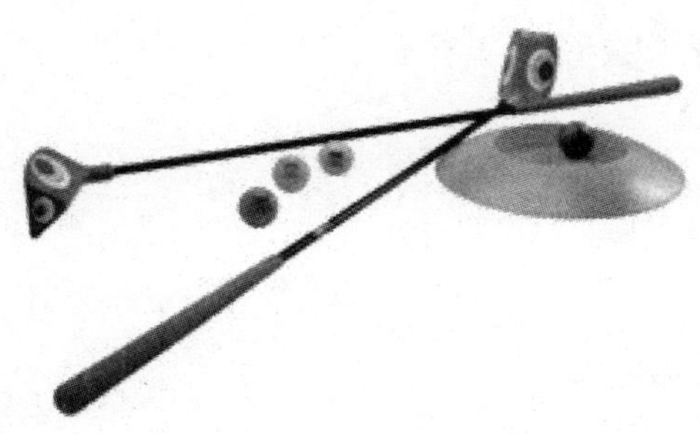

运动 5：投球练习（推荐宝宝年龄：4 岁 +）

场地难度：3

推荐度：3

成本：200 元以内

推荐购买渠道：淘宝

棒球在中国一直没能好好地发展起来，原因有很多，包括规则复杂，对人员数量要求很高等等。不过棒球是美国、日本最常见的家庭亲子运动，爸爸和孩子两个人在草地边聊天边传接球，是非常好的亲子沟通机会。而比赛投球也是很好的锻炼，其中比较常见的是投球板和创意投球挂架，不过随便找个墙壁画个圈，也可以砸得不亦乐乎。

运动 6：射箭（推荐宝宝年龄：6 岁 +）

场地难度：4

推荐度：4

成本：300 元以内

推荐购买渠道：迪卡侬

射箭是一个综合准确度、速度感、力量训练、心理调节等多方面的运动，如果你能有一块空场地，那么射箭是非常好的选择。不过哪怕你使用的是吸盘箭而不是金属箭头，也必须要有家长在旁边陪同和辅导的时候才能让孩子射箭。还要注意给孩子戴上护臂、护指等防护设备，同时避免伤及路人。因为淘宝禁止销售射箭类产品，所以大家可以去迪卡侬运动超市或其他的网店来购买。

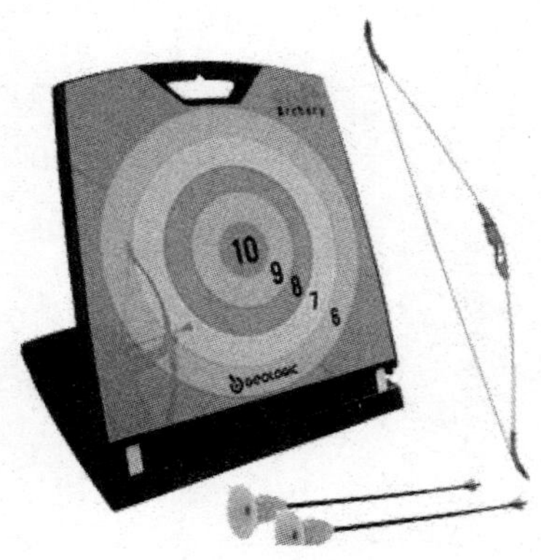

除了注意安全事项外，父母在同孩子一起进行运动或者其他比赛的时候，也需要注意不要“放水”。很多家长将比赛和游戏作为哄孩子玩的事情，因此会为了培养孩子的兴趣和成就感而故意放水，这样其实不会培养孩子公平竞争的精神，也不会给家长本身带来开心。所以我们建议家长可以效仿围棋中的“让子”，调高自己的难度，比如调整目标的距离，或者可以使用的球数，这样不管父母还是孩子都会玩得更尽兴一些。

如何培养一个球迷宝宝陪你看世界杯

温馨提示：爸爸阅读本篇文章后将：心理学 +2，培养一个霸占电视的帮手能力 +3。

在写这篇文章时，正值 2014 年的世界，我是一个球迷爸爸，有时就会想十几年后如果有一个血缘相通的球迷和自己一起呐喊助威，将是件多么幸福的事。我想球迷爸爸们肯定也有过和我一样的想法，那为了实现这一愿望，就要从小培养自家宝宝的球迷特性。当然，如果你家是女宝宝，那请在实施下面计划的同时，还要祈祷所支持的球队在 15 年后有一批帅哥球员。否则，辛苦多年培养起来的同门球迷，很有可能在一夕间叛变。

我们认为球迷从娃娃抓起有 5 个方法可操作，这并不是强加给宝宝的兴趣，如果后期你发现用尽这几招后，宝宝还是对此不感兴趣，那就要适可而止。其实不管是什么运动，孩子能专注一种运动，并长久地坚持着，爸爸们就可以欣慰了。运动能带给人的，不光是健康的身体，还有一个释放压力的机会与回归本真的快乐。而中国的孩子，大多沉浸在各种学习班、文艺班中，并没有真正享受过运动的快乐。作为一名爸爸，自认为教给孩子热爱一项运动，是毕生的一个责任。那么，我们就一步步来看如果培养一个球迷宝宝。

方法一：修改记忆；操作时间：0 岁开始

买个儿童队服，记得拍照作证。这样你就可以一直告诉他，你从几个月起就是 × × 队的球迷，还记得我们一起看 2014 年巴西世界杯吗……当然你是不可能拉着小宝宝现在就熬夜的，但是通过念叨“伪造”的宝宝记忆，可以让在同龄人中成为最资深的 × × 队球迷，这个 title 还是很诱人的。

方法二：苦学外语；操作时间：3 岁起

如果你爱的是英格兰队就简单很多，但你爱的是西班牙或者阿根廷，那么你要做的就是从小打造一个西班牙语学习环境，等到他长大后就会自然了解更多的西班牙文化，对西班牙语国家有天然的亲近度。也会成为你看当地原版足球新闻，甚至和球星沟通的专属免费翻译。而掌握一门外语，也是孩子多年学习生涯中重要的一门课程。运动能提升孩子的学习兴趣，这是一个良性循环的学习过程。现在很多孩子学习都有种被逼迫的感觉，他们很少有自己的兴趣，久而久之，就会丧失掉一种因兴趣而喜爱的本能，更体会不到何为专注。

方法三：踢球；操作时间：2 ~ 3 岁起

任何体育运动是要真的参与其中才能得到最佳的乐趣体验，如果你家宝宝已经跑得不错了，就带上他一起去楼下踢球吧。奔跑可以帮助孩子发育腿部的骨骼和肌肉，使之更强壮有力。踢球可以让他锻炼身体的平衡感和操控物体的能力，也会得到更多与人合作的快乐。

方法四：敢爱敢恨；操作时间：6 岁起

至尊宝说过，恨比爱更持久，10 年、50 年、500 年都可以。所以等到宝宝长大一些时，比如上小学以后，要介绍你支持球队的死敌是谁，两支球队的发展历史和宿怨，一起点评绝对是增进战友亲密度的好方法。这样也会开阔孩子的见识，了解更多的国家。在孩子的心里，自觉地会树立起自己的偶像，有一个为之努力的目标。

方法五：娱乐一下；操作时间：10 岁起

不知道在过十年，当宝宝 10 岁的时候，电子游戏会发展成什么样，不过足球类游戏肯定少不了，不管是经营类的还是实况类的，都是不错的辅助教具，无数口若悬河如数家珍的球迷先烈其实都只是靠手指踢球的。玩游戏，对孩子来说，家长是防不胜防的，想想自己年轻时便知道，这件事就好像一个宿命，到了年纪的孩子都会趋之若鹜，不管不顾。家长们与其约束，不如引导，玩足球游戏可比那些组团对打的网游来说对孩子要健康太多。

身为中国球迷看世界杯的悲哀之一，就是必须熬夜。所以贪睡是没办法做球迷的。从现在开始，每次宝宝哭闹不睡觉的时候，你可以这样安慰自己："嗯，是个不错的球迷苗子。"其实，培养孩子成为球迷是次要的，主要是足球在孩子成长的过程中带来的益处很多。

经常踢足球的孩子身体强健，善于奔跑；在踢球过程中受伤会在所难免，但这会让他变得更坚强；通过足球比赛，孩子会认识到胜利需要靠自己和团队的共同努力获得。因此，遇到困难会敢于拼搏；而比赛的争分夺秒会让孩子学会永不放弃的精神……这些良好的品质，是只有置身于运动中才能感受到的体育精神。不少家长会抱怨"孩子太贪玩"，认为这种"玩"对孩子的成长学习不利。那么，家长朋友们在抱怨的同时，是否想过教孩子如何科学正确地玩耍呢？也许，大部分家长都不知道孩子怎样玩，才是科学正确地玩吧。

泡泡水有毒之谜

温馨提示：爸爸阅读本篇文章后将：化学 +2，实验能力 +3。

这几天，有一个让家长很后怕的新闻：山东烟台的一名女孩因为脸上沾了些泡泡水，第二天全身就开始脱皮，嘴巴也开始溃烂肿胀。这个事件让家长们很是惊恐，新闻一出便被主流媒体和其他网媒大肆传播。而报道的内容除了吓唬家长以外，根本起不到任何有效的指导作用。

为什么说没作用？是因为这个小朋友受伤根本不是被烧碱腐蚀的！媒体给泡泡水定的罪名是含烧碱 NaOH，说它是 pH=14 的强碱，所以特别有腐蚀性，沾到死，碰到亡，比李逵天杀星的称号还厉害。不过之前都说泡泡水的配方是个谜，为什么突然会有烧碱了呢?

因为泡泡水中的重要成分是肥皂或洗涤剂，而生产这些的时候，大部分是需要烧碱来进行皂化反应，皂化的目的是让原来不溶于水的油脂变得亲水。这就是为什么媒体虽然分不清楚任何配方，就敢说里面有烧碱的原因。**那烧碱就是这起事故的罪魁祸首吗？不是。烧碱是强碱，但强碱不等于强腐蚀性，强碱的意思是说只要溶于水就会电解成钠离子和氢氧根离子。而 pH 值是表示水里氢离子和氢氧根离子的浓度，pH 值越高，碱性越强，也可以想成腐蚀性强。假如 NaOH 溶液的浓度很高，pH 值也高，腐蚀性便会很强，反之浓度越低，腐蚀性也就越低。**

泡泡水里含有烧碱，这本身就是一个错误的说法。因为 NaOH 会电解成 Na+ 和 OH−，水里只有这两种离子，不再有烧碱。假如说，有 Na+ 和 OH− 就等于有烧碱，腐蚀性强，那么人的血液也是有强腐蚀性了，我们可以拉出去跟异形比赛吐唾沫了。其实，关键还要其看浓度。

在报道这个新闻事件的各个文章中，有一些文章提及中学化学老师，拿着“高级”测试器材——pH 试纸测试了一下，只说是碱性，并未透露出具体的 pH 值。这种新闻文章的不客观性引起了我们的怀疑。关于泡泡水的 pH 值网上可以查到，大部分是在 8 左右，**其实不过是弱碱，**不可能腐蚀皮肤，和我们之前说过超市里死贵没用的弱碱矿泉水差不多。就算有不怕亏钱的黑心三无厂家加了超量的肥皂水，导致 pH 值升高，也不可能到 14 这种恐怖地步。

另一个让我们排除孩子是被强碱腐蚀受伤的信息是：第一天没反应，第二天才出现全身严重脱皮症状。这并不是遭强碱腐蚀后的情况。腐蚀不是中毒，当时就应该直接发现并送医院，绝对不可能睡一觉才发作。并且腐蚀只会局限在被腐蚀物接触到的皮肤，不会蔓延至全身。

那么到底是什么可能导致第二天发生全身反应？**很可能是过敏**。医生给出的诊断是接触性皮炎。接触性皮炎背后的主要原因之一就是过敏，孩子因为接触到一些物质导致身体免疫系统发生反应，从而出现红疹、水疱、脱皮等一系列症状。与这个病例中患儿出现的情况非常一致。

不过这并不是说这类三无的泡泡水就没问题，因为无法找到生产厂家，也无法知道成分，一旦孩子出现过敏情况，也无法联系厂家了解到底过敏成分是什么，就无法有针对性地防止孩子复发。但在这个事件发生后，媒体一窝蜂地把这个案例当作博眼球的奇闻，并基于自己那可怜巴巴的科学知识，骂成分里那么一点点的碱性物质，只会让所有爸爸妈妈们忽视真正需要注意的问题。

其实，最好的方法还是自己来制作泡泡水，并没有什么难度，而且质量会更好，还是一种不错的亲子间的动手活动。我们接下来介绍一下在家自制泡泡水的科学秘方，及肥皂水的故事。在网上一搜，便知道泡泡水的配方各式各样，但主要的成分类型都是下面这些。

成分一：水

泡泡水中最重要的部分，当然是水。制作泡泡水最好用蒸馏水，因为蒸馏水里没有杂质。而普通自来水里含有钙等离子，这些离子会和表面活性剂（肥皂水）结合，降低效果。一般来说，自来水的硬度越高，所含钙离子越多，效果就会越差。如果你家处在水硬度偏高的地区，家中又没有用软水装置，那还是去超市买一瓶蒸馏水比较好。

成分二：表面活性剂

加入肥皂、洗洁剂这些表面活性剂是为了让水起泡泡，不过和大部分人设想的不同，表面活性剂并不是靠提升表面张力来起泡，相反它会将水的表面张力减弱到1/3。之所以能起泡，是基于一个叫马伦哥尼效应(Gibbs－Marangoni effect)。它是一种因为表面张力梯度而造成的传质现象，两种液体相接触时，表面张力强的液体会将表面张力弱的液体拉过来，因此会出现表面张力弱的液体向强的方面渗透，同一种溶液会因为浓度高而增强表面张力，所以稀溶液也会向浓溶液中渗透。而表面活性剂存在的形式有很多，家中各种清洁品都算，最好的选择是一些最纯粹和简单的，比如最简单的液体肥皂、婴儿沐浴液、洗头水，这些液体里的添加剂比较少，没有什么香料之类的杂质来捣乱。

成分三：增厚剂

其实这才是秘方，大部分人在做泡泡水的时候光顾着加洗洁剂，而不知道真正让泡泡持久牢固变大的，不光是比例恰当的洗洁剂，还要有增厚剂来保证泡泡的状态稳定。增厚剂的选择也不少，比较常用的是甘油和糖浆，前者可以去药店和超市买，后者更简单，去咖啡厅拿几包免费的糖浆回来就好。

至于这三者的比例，可以自己来尝试，反正都不值钱。不断试错，调试不同的比例，期待达到最完美的状态，这才是实验的美妙之处，也是真正玩耍的意义。

科学地堆沙子城堡

温馨提示：爸爸阅读本文章后将：建筑学 +2，混凝土系数 +2。

这个夏天你有没有计划和宝宝一起去海边玩耍？除了泳衣、防晒霜、防晒服和墨镜之外，别忘了堆沙子才是你家宝宝在海边做的时间最久的一件事情。如果你能堆出来一个世界奇观级别的沙堡，那你离“年度最成功家长”的颁奖红毯就更近一步了。

堆沙子城堡是我们从小玩到大的一件事情，甚至当我们已经长大成人，为人父母，只要去海边，这都是让很多爸爸们乐此不疲的事情。从无到有看城堡成型，再看海浪将城堡抹去。多有沧海桑田、万物变迁的哲理感。当然这前提是你能做出来让人仰慕的城堡。如何做？自然有科学作为指导。下面我们就一步步地说明一下如何能将沙子玩得更好。

第一步，你要选择一片区域，千万不要在会被海水侵入的湿润沙地上盖沙堡，那将是一场噩梦。最好选在湿润沙地与干燥沙地交接后 2 米左右开始你的工程。

第二步，确保你工作场地的安静和安全性，确保只能有你身边的那个熊孩子才能摧毁这个城堡。注意身边环境，防止其他熊孩子来偷袭。

第三步，了解你要盖一个什么样的沙堡，可以在沙子上画出来草图，如果你深谋远虑的话，甚至可以出发前在电脑上绘制一幅蓝图打印出来带上。

第四步，在你的工作区域倒上一两桶海水，然后用脚把沙子踩实，这就是城堡的稳固地基。

第五步，在你的工作区域周围挖一圈深沟，最好直到能看到水，挖出来的湿沙子堆在中间，如果很难挖到有水，那么就必须从海里打很多桶海水来补充，这是保持你沙堡湿润坚固的必需品，当然这也是防止其他熊孩子入侵的防线。

第六步，用小水桶等工具将中央的湿沙子按照你想要的城堡形状拍成一个个的圆柱形，这就是沙堡的原型。

第七步，从上向下用小刀或者其他工具将沙堡修剪成你想要的形状，沙堡好看不好看就看你的这步减法做得好不好了。

第八步，记住动作要快，保持沙子的湿润，除非你的沙堡是走沙漠风化的古城堡路线。如果你的沙堡比较大，耗时比较久，最好让你家宝宝在旁边用小喷壶不断地喷水来保持湿润。

基本的步骤讲完后，下面进入科普部分：沙堡工作的核心其实在于沙子和水之间的混合比例，太少的水无法粘结沙子，水太多则无法固定成形。那么沙子和水之间的完美比例是多少呢？阿姆斯特丹大学的 Dr. Daniel Bonn 在发表的论文中说明：最好的比例是 99% 的沙子和 1% 的水，这才能保持沙堡最好的稳定性，尤其是那些高瘦型的。现在你知道为什么人类还不能殖民半人马星座了吧，因为科学家拿着经费都去玩沙子了。当然 99：1 的比例在实际操作中很难达到精准，考虑到工程中水分的损失，10：1 到 15：1 的比例是比较适合普通玩家的。而且，爸妈们别指望自己的心灵手巧，记得花个几十块钱买一套堆城堡的工具，包括桶、铲子、砌刀，甚至各种城堡模具。不过土豪型选手可以忽略这些，现代科技和钱的结合可以让你马上就不需要那么费劲地动手搭沙堡了。Stone Spray Project 是一款最新的沙子 3D 打印机，虽然现在还是初级阶段，作品还无法打败沙滩上堆沙子的小朋友，但是战胜烂大街的中国“现代艺术家”们奇形怪状的雕塑已经绰绰有余。

带宝宝去旅行时坐飞机的窍门

温馨提示：爸爸阅读本文章后将：飞行里程 +1000。

十一假期转眼就要到了，应该有不少爸爸妈妈会带着宝宝一起坐飞机出去游玩。可这对有些爸妈来说，带宝宝坐飞机是件非常痛苦的事情，因为你知道等待你的将是各种奇怪的突发状况。甚至，在出发前有的爸妈会陷入轻微焦虑中。于是，我们根据爸妈们反馈的情况和自身的经验，总结了一批带宝宝旅行时坐飞机的各种窍门，希望能缓解爸妈们的焦虑感。

购买符合你家宝宝作息时间的航班

每个宝宝都有不同的作息时间，尽量选择一些你家宝宝不是那么精神亢奋的时间点来飞行，这也是利国利民的一件好事。比如选择最早班航班或者下午航班，这些时间宝宝更容易睡着。

选择合适的座位

如果你家宝宝已经到了独立买一张机票的年龄，那么在机场 check in 的时候，要尽量要求坐到头排座椅（非应急出口座位），这些没有前排的位置是爸妈们最好的选择，可以让你有更多存放行李和宝宝活动的空间，也不会妨碍到前排的乘客。

如果是不止一个家长带着一个还没有自己座位的宝宝旅行，那么取巧的方法是，在网上值机时选择靠后窗边三连座 ABC 中的 A 和 C，空出中间座位。这样你们中间的这个位子很可能是飞机上最不受欢迎的那个。只要飞机不满员，你很可能就会有一个空座位来折腾了。即便中间位子被选走，那位仁兄也一定会感恩戴德地和你们俩人交换出自己的位子，坐到靠窗或者靠走廊的位子上去。如果你是一个人带宝宝坐飞机，要靠窗还是靠走廊，则取决于个人情况。如果你需要哺乳，那么靠窗的位子会给你更强的私密性。如果宝宝大小便的频率很高，走廊座位会好很多，你可以更轻松地不断来往于洗手间。如果这两种都不是，那还是选择靠窗比较好。因为有一面墙和窗外的景色，可以让宝宝更舒服一些。

提前打包、提前出发、提前到达

对于那些以前热爱上演好莱坞最后一分钟戏码的爸爸妈妈来说，有了孩子以后，就不要再追寻自己的这项爱好了。老实比预期时间提前半个小时以上吧。带着孩子是不可能还有以前那样在机场大厅高速移动的能力了。

准备多个安抚奶嘴

宝宝还不能像大人一样，通过口香糖和咽口水来缓解因压力变化导致的耳部不适，而安抚奶嘴的吞咽动作会让宝宝舒服很多。如果你家宝宝实在不喜欢，那么就用喂奶来试试看吧。记得，安抚奶嘴需要带多个，因为这东西太容易掉了。

随身带一袋子各种零食和最爱的玩具

零食和玩具是安抚孩子最好的工具，因此一定要有充分的准备才成。选择一些更容易收拾、清洗的，别给自己增加麻烦。一定不要忘了把宝宝最爱的那个玩具或者安慰用品随身携带，很多时候你都指望着它来拯救你了。

偷偷准备一两个惊喜的小玩具

看过 Toy Story 系列的人都知道，喜新厌旧是人的本性，所以老玩具会不断地被新玩具拍死在沙滩上。买几个新玩具应急，这些没见过的小伙伴很可能会让宝宝从哭闹中分散出来。这些玩具不需要很大很贵，好携带、新奇即可，丢掉也不心疼是最好的标准。

一个完整的应急医疗包

就算你买了全球医疗保险，一个应急医疗包的作用也不能忽略。比如创可贴、感冒药、退烧药到肠胃药物，这些都是在旅行中很可能要用到的。在一个陌生的城市里，找医院看病可能是你最不愿意做的事情。

所以，提前准备一下吧。

比需要的更多带一些

无论是尿布还是奶粉，都要在身边多放一些。不用我们提醒你也应该知道航班准点的概率有多低，一旦你没能成为少数不延误的幸运儿，那意味着你需要更多的尿布、衣服、纸巾、奶粉、零食……

衣服的层次感很重要

虽然在飞机上的温度基本保持不变，但是出发地、机舱、到达地的温度往往有较大的差别。因此要选择一层层地给宝宝穿衣服，而不是直接裹一个防寒睡袋。这样可以针对不同温度，简单快速地调节。

主动认真地处理孩子的哭闹

还记得你几年前有多害怕在火车或飞机上遇到带孩子的同行者吗？恭喜你，你现在升级到被人害怕的地位了。如果你家宝宝的哭闹指数进入扰民范围，开始失控，你需要用语言和表情表达出对身边人的歉意。在飞行情况允许的条件下，抱着宝宝在走廊里稍微走走，会有一些效果。

成为爸爸妈妈是人生中重要的一个里程碑，在做父母的这些年，你会面对各种突发状况，就跟玩打地鼠游戏似的，一个问题一个问题地冒出来。你解决不了“地鼠”，便会被“地鼠”嘲笑。人生有时就是一场旅行，最好的教育永远是在路上。对我们，对孩子，都是如此。

夏季，宝宝用哪种产品驱蚊最安全?

温馨提示：爸爸阅读本篇文章后将：生物学 +2，夏天热爱度 +2。

每年到夏天，关于各种防蚊的安全问题就一直让大家很烦心。尤其是当避蚊防蚊的产品越来越多，各种厂家之间的互相攻击，让用户感觉很受伤。

在这些产品中，除了一些纯粹骗人的以外，其他真有用的，其有效成分其实差不多：基本都是避蚊胺、驱蚊酯、除虫菊酯这些。世间的事情往往都是那么纠结，驱蚊产品就是这样。在这些成分中，避蚊胺（DEET）的效果是最好的，但是对于避蚊胺的安全性的质疑也是最高的。

避蚊胺是一种淡黄色的油状液体，不过一般我们使用的都是它的水溶液，如避蚊喷雾这样的产品。它驱蚊的作用是多方面的，包括用蚊子讨厌的味道逼走蚊子，也包括阻断蚊子的嗅觉系统，让它无法用闻的方法来找到吸血的目标。避蚊胺的使用已经有 70 年左右的历史了，最开始的时候避蚊胺是作为农药使用，这就是为什么会有“驱蚊药水里面有农药”的搞笑流言。之后被美军用于战场防蚊，半个世纪前开始逐渐进入民用市场，成为人类战胜最恐怖的敌人之一——蚊子的最有效武器。

通过使用避蚊胺，人类可以第一次真正有效地祛除蚊子和蜱虫的叮咬，对蚊子和蜱虫等虫子叮咬而传播的登革热、疟疾等恐怖的传染病进行控制，从而挽救数以千万计本来会因这些疾病而死亡的生命。

不过对于目前生活在都市的人们，那些恐怖的传染病只是热带雨林的神话罢了，和食人鱼、吃人花基本都是一个级别的。但是避蚊胺对人体的危害，则成为很多人无法入睡的梦魇。

在避蚊胺对人体的可能危害中，最需要被重视的是对皮肤的刺激。皮肤敏感的人，容易被避蚊胺刺激出皮肤炎症，这个是最常见的不良反应。虽然也有一些传闻说避蚊胺会导致诸如癫痫这类的问题，但到现在也没能证实两者之间有很强的相关性。

美国环保署估计，即便避蚊胺有导致癫痫的可能，这种事情大概会在一亿个使用者中才出现一个。人的生命是由无数次选择组成的，每次选择都不会是 100% 的好或者坏这么简单，否则人长脑子多浪费。避蚊胺的选择也是这样，需要根据具体情况进行选择。

虽然避蚊胺比驱蚊酯这些产品对人体的刺激要更强，但是驱蚊效果也好上好几个台阶。因此真的需要最有效的驱蚊的时候，一定要选择避蚊胺。比如你要带孩子去东南亚、南亚、南美或者非洲旅行，这个时候就老老实实地使用避蚊胺产品，保命要紧。

同样的，如果你家小区里有个蚊子喜欢开 party 的游乐场，而宝宝又喜欢傍晚去那里视察工作，那么你可以先使用一些驱蚊酯类的产品。如果效果不好，再改成避蚊胺。

其实，最需要家长朋友注意的不是避蚊胺的那些谣言，而是安全使用避蚊胺的方法。为了避免对皮肤造成刺激，避蚊胺类的喷雾剂只能喷在衣服上，不能直接喷到皮肤，更要避开伤口。而且年纪越小，皮肤越敏感，因此给儿童使用的避蚊胺产品，浓度要有更严格的控制。

美国儿科协会（AAP）对避蚊胺的限制是不能给 2 个月内的宝宝使用，2 个月以上的儿童可以和成人一样正常使用避蚊胺浓度在 10% ~ 30% 的产品。美国人总是最大大咧咧的，不怕死，欧盟人民怕死怕得要命，我们找个中间人，加拿大卫生部禁止浓度在 30% 以上的避蚊胺产品。对 2 ~ 12 岁的儿童产品，要求在 10% 以下，而且一天使用次数不超过 3 次。6 个月到 2 岁的婴儿一天最多使用一次。6 个月以内的不能使用。这个标准看上去比较客观，可以作为中国家长的参考标准。

因此对避蚊胺的使用，我们建议：1. 生活在南方或者要去热带旅行的家长，避蚊胺仍然是最有效的驱蚊武器，正确使用并不会对孩子造成不良影响；2. 其他情况下如果你发现需要更强的避蚊用品，避蚊胺也是一个不错的选择。注意不要直接接触皮肤或伤口，参考之前的使用规则。

儿童游泳的 5 个真正好处和 5 个隐藏风险

温馨提示：爸爸阅读本系列文章后将：体力值 +200，安全技能 +3，获得“唐山龙王 / 龙后”称号。

夏天，在小朋友心中是用来玩水的季节。只要一到夏天，总会有一批家长被广告上的协调性啊、自然啊、子宫环境啊之类的虚头巴脑的宣传语鼓动得给孩子报名参加游泳班。的确，游泳是一件很有趣也很健康的活动，不过对于家长来说，需要注意的还很多。

儿童游泳到底有什么优点？对于这一问题，网上有很多相关的帖子，不过从我们的角度来看，大部分的所谓优点其实是儿童体育运动的共性，比如增加协调性、睡眠更好、饭量增大等等，只要孩子进行运动，都会有这些相应的好处。那什么是游泳特定的优势呢？我们从国外研究机构的调研报告中选取了一些针对儿童游泳的统计跟踪报告，相信结论的科学性会更强一些。

1. 身体指标会更好，Griffith 大学教育研究学院调查了 7000 个有 5 岁以下儿童的家庭的结果显示：那些学习游泳的儿童的语言认知、身体发育等方面的指标都会优于不游泳的孩子。

2. 未来成绩可能更好，同样是 Griffith 大学教育研究学院（果然是坐落在黄金海岸的学校啊，对水是真爱），他们和其他组织一起用 3 年的时间跟踪了 180 名参加游泳班的 3—5 岁儿童，报告显示，这些还在班级上的视觉运动技能（如剪纸、涂色、绘画线条和形状）、数学、语言都优于其他同学。

3. 防止溺水，美国儿童健康和人类发展研究所的 Ruth Brenner 在《少年儿童医学杂志》（The Archives of Pediatrics & Adolescent Medicine）2009 年 3 月发布的论文，根据他们在佛罗里达的统计显示，上游泳课平均可以减少 88% 的儿童溺水风险。越早练习游泳，对于孩子水中安全的能力培养越好。

4. 亲子更亲密，因为儿童学习游泳是和父母身体接触最多的体育运动，而且水中会增加对儿童触觉神经的刺激，游泳有助于建立更好的亲子情感。

5. 更独立更自信，在 Dr. Liselott Diem 在德国针对 165 名儿童的研究中，年龄在 2 个月到 4 岁练习游泳的孩子相比其他孩子更自信和独立，适应新环境和社交的能力也更好。

这些相对来说是比较有科学依据和数据支持的关于儿童游泳的独特

好处，不过就像 Griffith 大学在报告中承认的，因为带孩子去游泳的家庭经济条件相对更好，所以很难说到底是游泳还是有钱的爹娘给孩子带来的这些好处。

事情凡有一利必有一弊，国内目前儿童游泳的学习条件比起国外有天壤之别，家长在考虑让孩子去学习游泳的时候，也请慎重考虑如下的 5 个严重的潜在风险。

1. 好好考察学校，很多游泳学校缺乏资质和培训，尤其是前几年一窝蜂起来的婴儿游泳馆，大多是在室内放几个水桶就了事了。相关人员也没有任何的婴儿游泳认证和急救知识，孩子去这种地方游泳没有任何好处。

2. 不要盲目购买婴儿游泳装备，尤其是那种脖套式游泳圈，简直是奇葩中的奇葩。对孩子最佳的保护是父母的双手和注意力，只要你在孩子身边就是对孩子最安全的保护，中国年轻父母对于育儿上面的不自信是导致各种恐怖产品、食品、保健品层出不穷的原因之一，请家长更自信更快乐一些。实际上绝大多数的充气产品包括救生圈对于孩子来说作为玩具的意义要大于安全意义。

3. 确保游泳池的水质，孩子的皮肤比成人要敏感得多，哪怕是你选择了正规的游泳池和课程，也可能水质有问题，请至少确认水清澈见底，无杂物，没有刺鼻的消毒水味道，温度最好在 30—33 摄氏度左右。

4. 小心外耳炎，外耳炎是儿童游泳最常见的疾病，会导致红肿、瘙痒、疼痛等症状，最好不要让孩子的耳朵进水，戴上泳帽遮住耳朵或者戴耳塞都是比较好的防护措施。

5. 按照年龄段的要求穿戴完整，可能包括：泳衣、泳帽、泳镜、耳塞，对于 3 岁以内的宝宝还有游泳尿布，这些对宝宝耳朵、眼睛有很好的防护作用，而且也可以养成良好的卫生习惯和气质：一个穿着洋气的游泳尿布和漂亮帽的小帅哥 / 美女与一个光屁股的熊孩子，你更喜欢哪个？

在孩子快乐玩耍的时候，家长要做的就是了解这项运动的危害及应对方法。这样家长自己才能放心，孩子也会更加安全。

请不要再给宝宝用恐怖的脖套游泳圈

温馨提示：爸爸阅读本系列文章后将：物理学 +2，鉴别奇葩产品 +2。

中国人民的发明创造能力是全球皆知的，比如我国的天才玩具厂商们发明了一大票奇怪的“中国创造”，其中最著名的就是“脖套救生圈”。这种神奇的救生圈套在孩子的脖子上，于是刚刚 1~2 个月的小朋友就可以“貌似开心”的在“貌似干净”的小小充气泳池里折腾了。

这种奇葩的中国特色产品之所以能在国内流行，最重要的是我们这些家长实在是太在乎宝宝的身体体格了，“健康的存活下去”似乎成了我们育儿的唯一目标。自打听说游泳如何好，如何好后，就不管多大的孩子都赶快扔到水里。本着所谓中国传统的“有条件要上，没有条件创造条件也要上”的奋斗理念，脖套救生圈就这样被创造了出来。

多亏了我国政府对儿童玩具安全的毫不在意，我们没有相关安全或者医学报告可以参考，我们先只能从中学物理入手来分析一下这东西如何恐怖。

因为人体的比重和水类似，根据你的呼吸状态，会上下浮动，正常环境下，可以视为比水稍微重 2%~3%。而婴儿的头部比例比成人更大，重量占体重比例可以按 15% 到 20% 来估算。所以，这个姿态的救生圈需要提供婴儿浮力为：宝宝的头部重量 + 宝宝其他部分重量的 3%。此外，还有宝宝运动时候所有力量的反作用力。而这浮力就作用在婴儿的脖子和头相连的位置上。

不知道这样讲，大家明白了吗？从物理角度分析后，我们得出的结论就是，这种救生圈的作用相当于用孩子 5 分之 1 体重的力气往上拔他的脖子。对于很多低月龄的宝宝来说，脖子上的骨骼还很脆弱，甚至平时不能支撑起自己的脑袋。而戴上脖套游泳圈扔到水里，就是强迫孩子一直保持支撑比头部更重的重量，很健康吗？

此外，脖套救生圈还有很多其他的问题，诸如孩子在水中的安全性，脖套对宝宝皮肤的损失，都是家长应该重视的两个问题。

安全性：曾经出现过多次关于脖套救生圈在使用时候出现漏气、侧翻、脱落导致孩子安全威胁的报道。事实上，在美国儿童学习游泳的所有手册上面，都会有醒目的警告：所有充气物品都只能作为玩具而不是安全保障。这就是提醒父母，不要因为套个圈就安全了，这种心态就是最不安全的。

损伤皮肤：很多脖套救生圈质地粗糙，而即便是品牌的救生圈，在表面和宝宝皮肤长期紧密地贴在一起，在运动中相互摩擦，都会出现导致接触性皮炎等皮肤疾病的可能。

那么，如何带着孩子尤其低年龄的宝宝游泳呢？我们之前游泳的文章里也提到过：父母的双手是最有效的安全保证。在做一个干净、有专业安全人员和教练指导的游泳池里，用父母的双手抱着孩子游泳，才是最好的方法。如果你认为你还不如一个充气圈对孩子安全，请反省自己的自信心。如果你发现身边还找不到这样的游泳环境，就不要游泳。恶劣条件下，早几个月游泳不会让你家宝宝成为伟人或者运动员，只会让他受到不该有的伤害。

引申开来，家长给孩子买一些感觉周围很流行的运动器材的时候，请花一点时间考虑如下的几个问题：

1. 这个东西国外有吗？如果国外没有，不好意思，那八成是没有什么可以参考的行业规则、国家标准和安全要求的。这里并非有崇洋媚外之嫌，而是发达国家的行业体系和安全要求，比我们要健全很多。在育儿的事情上，多方面参考，比固守己见要更安全。

2. 这个东西是发明很久了吗？同样道理，就算国外引进的器材，如果只是刚刚流行起来，那么虽然有一些检测标准，但是没有长期的跟踪反馈是没办法得到真正有价值的安全调查报告。

3. 这个东西自然吗？孩子需要自然自由自在的发展，如果有一个东西像脖套游泳圈这样，连你看着都吓人，那么就不要给孩子用了，孩子的身体比成年人更脆弱、更容易受伤。同样如果这个器械孩子使用的时候需要各种不自然的用力或者姿势，就别赶这个时髦了。

带宝宝去旅行，要不要戴太阳镜?

温馨提示：爸爸阅读本篇文章后将：装酷 +2，火眼金睛 +2。

在今年暑假的时候，有一天一个朋友准备带孩子去海边玩，问我有什么需要注意的，想了想回答他："记得给娃买个太阳镜。"其实，夏天出游时对于孩子来说，家长们除了要注意防止中暑外，太阳镜的问题也要提起高度重视。为什么在《爸爸去哪儿》节目中几位宝宝出门都要戴太阳镜，你难道真的以为他们只是装酷吗？那你就错了。太阳镜对于保护室外活动的人，尤其是儿童有着非常重要的意义。

太阳是地球上一切生命运动的能量之源，而能量来自于太阳作为一个巨大核反应堆不断散发到整个空间的各种电磁辐射。对人来说，其中高能量的短波是危害较大的，幸好大气屏蔽了阳光中致命的一部分，包括伽马射线和 X 光，我们才能苟活至今。不过，大气过滤后剩下的波长最短的那部分对人体还是有一定伤害的，那就是紫外线。

紫外线最大的伤害在于皮肤癌，虽然由于难得的人种优势和过饱和的工作学习导致户外时间不足，中国人患皮肤癌的比例相对国外朋友来说要少一些，但这依旧是父母必须重视的一件事情。阳光中对眼睛的伤害，主要来自能量值最高的紫外线和蓝光（HEV high-energy visible light）部分。两者对眼睛会造成很多的伤害，包括：角膜炎、白内障、结膜黄斑等等。虽然这些伤害大部分都是可治愈的，但是持续或多次伤害造成的慢性角膜炎就可能会导致眼睛永久损伤。这种伤害在成长期并且自我保护意识不足的儿童中，是最为常见的。

需要说一下的是，紫外线来源不光是天空和太阳，地面、水面的反射，焊枪，摄影灯，美容店的晒黑箱，以及紫外线灯，这些都可能会伤害眼睛。臭名昭著的雪盲症就是因为雪会反射 90% 以上的紫外线。草地好一些，沙滩、石头、水面，都会反射不少的紫外线。而解决阳光对眼睛伤害的最主要防护措施就是：戴太阳镜。

好的太阳镜可以阻挡 99% ~ 100% 的紫外线和大约 75% ~ 90% 的可见光。滑雪镜和焊接面具的作用也是如此。至于买什么样的太阳镜更好呢?

1. 买正规厂商和品牌的太阳镜，能防多少紫外线都会标注得很清楚，记得要同时防 UVA 和 UVB（紫外线中的两种，还有一种 UVC 被大气层干掉了不需要担心），不要只顾着省钱买地摊货，如果那样还不如不戴。

2. 买合适宝宝头部尺寸的太阳镜，大部分宝宝刚开始戴墨镜都会不高兴，家长应该好好说服不要放弃，但如果尺寸不合适戴着很难受，就更麻烦了。

3. 买坚固不容易破碎的树脂镜片，如果是那种造型夸张的，请注意是否会有零件容易被宝宝摘下吃掉而造成窒息。

4. 不用给孩子买那种死贵的偏振光太阳镜，它主要是给户外运动的人防止地面或者水面眩光用的，虽然反射的紫外线也是偏振的可以被挡住，但普通太阳镜已经可以挡掉 99% ~ 100% 的紫外线了。

5. 做个好榜样，如果你自己都不戴太阳镜，不在乎紫外线，又怎么让孩子信服呢？

虽然目前国内市场上，儿童太阳镜良莠不齐，但去正规运动超市或商场还是可以买到一款适合孩子的太阳镜。因为防紫外线这种技术并非高精尖，所以在选购时记得买同时防 UVA 和 UVB 的太阳镜，最好连 HEV 蓝光也防，并适合你家宝宝的年龄，就足够了。最好不要图省事直接到大超市或地摊上买，质量无保证的太阳镜，对孩子的眼睛同样是一种伤害。

在游戏中教会宝宝上厕所

温馨提示：爸爸阅读本系列文章后将：清洁 +2，训练度 +3。

在孩子成长的过程中，教宝宝上厕所可能是宝宝出生以后父母遇到的最困难的一件事了。有一位妈妈跟我说，她家宝宝 2 岁多了都不会自己上厕所，明年要上幼儿园了，他们一家人都特别着急。我想她家宝宝的情况并非个例，很多家庭都有类似的困惑。那么，如何攻克宝宝上厕所这个难题呢？其实，父母不用过于紧张，试着和宝宝玩一些有指导性的游戏，在玩乐中消除宝宝上厕所的排斥心理。

大部分宝宝是在 2 ～ 3 岁的时候抛开纸尿裤，独立上厕所的，其中女宝宝比男宝宝更早，学习得也更快一些。和宝宝的其他发育学习一样，早一点晚一点都是正常的，家长们无需有攀比和焦急的心态。尤其是不要单纯地为了抢先机而让宝宝过早地学习上厕所，美国儿科协会（AAP）

的统计显示：18 个月就被开始训练上厕所的宝宝，通常要到 4 岁才能完全掌握技能，但 2 岁开始学的宝宝，反而在 3 岁前就可以掌握了。所以过于提前反而是欲速不达。

那什么时候是比较恰当的时间呢？除了看宝宝的能力和愿望外，还可以跟你家宝宝计划上幼儿园的时间来进行推算。因为绝大部分幼儿园的招生要求都包括孩子需要学会独立上厕所，所以家长可以在计划上学时间的半年前开始，培养宝宝独立上厕所的能力。下面按照时间顺序来说一下爸爸妈妈可能需要了解的知识。

准备阶段

无论你计划宝宝上学的时间是几岁，但从宝宝成长到 18 ～ 20 个月之后，就应该开始做相关的准备了。再次提醒家长朋友，过早地训练孩子上厕所，给孩子压力是会有反效果的。这个阶段，你应该做的是让孩子熟悉上厕所这件事情的过程，为以后学习打基础。可以做的事情包括：买一个儿童坐便器，放在厕所里，告诉他这是他的，长大一点就可以用了；让他尝试坐在坐便器上感受一下，培养他主动学习上厕所的兴趣；开始教他“便便”、“嘘嘘”等词汇的意思；让他试着自己脱掉纸尿裤；演示一下抽水马桶的工作，告诉他尿布上的大小便以后都会从这里冲走，给他机会拉或按一下神奇的把手或按钮。

开始训练

要想让宝宝又开心又快速地学会上厕所，就需要让他分辨出想上厕所的感觉，理解感觉的含义，用语言向家长表达，移动到厕所，并完成一系列的动作。这些能力的具备，才是学习上厕所这个系统工程的基础。所以当你发现下面的 checklist 都可以打上钩的时候，就是你家宝宝可以开始训练上厕所的时候了。

日常活动中，宝宝可以完成家长简单的指示；

已经明白你关于上厕所说的“便便”“嘘嘘”等各种词汇的意思；

能够控制好负责上厕所的各肌肉群；

可以跟你表述清楚自己需要上厕所的需求；

小便间隔 2 小时或更久；

每天大便的时间已经规律下来；

可以自己完成走到便盆，坐在上面，然后下来的全过程；

可以自己脱下纸尿裤或者内裤；

对使用便盆或穿内裤开始感兴趣。

有些专家和家长推荐在夏天安排宝宝开始学习上厕所，因为衣服少比较方便，不过一切的前提还得宝宝有做好上述准备的能力才行。

还有一些特殊情况，很有可能会推迟你家宝宝上厕所的时间。首先是宝宝在 18 ~ 24 个月出现的渴望独立的小逆反期，这个时候他可能会跟你的指示对着干。这就是为什么 2 岁之后学习反而更快完成的原因之一。但有时候宝宝的小逆反期会出现得比较晚，那就需要你尽量推迟学习的时间。

此外，如果在家庭环境里有一些对孩子心理影响比较大的事情发生，那么也应该考虑过一段时间再学习，比如：弟弟妹妹出生了，长途旅行中，换了一张床睡觉，搬家或者生病，这些情况下，都最好推迟宝宝的学习时间。

训练方法

1. 第一步先使用独立的封闭儿童坐便器，让孩子坐在上面，告诉他关于坐便器的知识，如何使用，什么时候就应该来这里上厕所了，如果你在之前已经花了不少时间来说明这个事情，这一步可以跳过。

2. 当孩子愿意坐在坐便器上面之后，家长可以取下尿布，试着让他光着 pp 坐在上面方便，示范如何靠双脚稳固地坐牢，稳当地坐在马桶上。虽然对于大人这已经是条件反射里的一环，但是对于孩子来说还很陌生。

3. 慢慢地让孩子养成习惯，从一天坐一次，到一天坐几次。

4. 不要违背孩子的意愿强迫他使用马桶，可以根据你对孩子的了解在他可能要上厕所的时间带他去，比如喝了很多水之后过 45 分钟，也可以在接近的时间引导他在离厕所较近的地方玩，方便他有时间去厕所。

5. 这个时间会比较漫长，孩子可能在几个月的时间内都会时不时地忘掉用马桶，这时就要考验家长朋友的强大耐心了。

6. 在宝宝比较能熟练使用马桶后，可以改穿长裤了，这个时候大便的训练基本结束，男宝宝可以跟爸爸学习怎样站着嘘嘘了。知道为什么男孩晚熟了吧，我们要多学很多技能的。同时也可以将单独的马桶换为儿童马桶坐垫，记得配个小凳子方便孩子上下。

训练最开始和基础的是家长的言传身教，在家中同性的成年人需要担负起这个责任，在自己上厕所的时候让宝宝在旁边，耐心说讲解马桶的用途。

另外一个需要家长知道的是，即便宝宝学会了上厕所，午睡和晚上睡觉的时候仍会尿床，基本上尿床的现象可能会持续到 5 ~ 6 岁。不过从开始学上厕所之后，就可以用成长裤来替代纸尿裤，这样宝宝可以很清楚地了解两者的不同含义，明白应该去厕所。而在睡觉前和睡醒后，都要让宝宝固定去厕所。

在整个训练过程中，最重要的一点是家长的心态和态度。家长如果保持轻松、宽容、没有压力的态度，会很大程度加快孩子学习的速度。也要注意不要走两个极端，一方面出错就批评，一方面做对一点就兴高采烈欢欣鼓舞，这两种都会让孩子压力变大，害怕失败。比如如果尿床了，就安慰一下，如果晚上睡觉没尿床，鼓励一句，就可以了，让宝宝觉得这是一件很自然和轻松的事情。

宝宝上厕所常见的六个问题

和宝宝其他的训练很相似，家长不需要着急开始，而是寻找真正合适的时间。在整个训练中，应该尽可能地积极和自然，让孩子自愿而非害怕去尝试。我们也根据一些家长朋友的反馈和自身经验，分享 6 个宝宝学上厕所的常见问题，让更多的爸爸妈妈有所准备地和宝宝一起打赢这场厕所大战。

问题一：宝宝不愿意用马桶怎么办?

问题原因：一点不奇怪，2 岁的宝宝身高是成人的一半左右，请你把马桶长宽高各放大一倍想象一下，一个冰冷、巨大、坚硬，连接一个未知世界，又发出轰隆巨响的怪物。就算是成人，照样发明了无数种关于抽水马桶的恐怖剧情来吓唬自己，又何况孩子呢?

解决建议：你可以买一个更可爱更好玩的坐便椅，坐着也舒服一点的，写上他的名字，说明这是他专属的宝座，允许宝宝贴上各种贴纸。对，就跟隔壁那个贴满“别吻我，看灰机”的捷达车一样处理就好了。或者用一些其他的趣味方法来帮助宝宝消除这种恐惧感。

问题二：我让宝宝去用马桶，但是宝宝总是很抗拒。

问题原因：不光是上厕所有这个问题吧，你试试让宝宝去睡觉、吃饭和洗澡，情况都是一样的恐怖吧。除了上面问题一中提到的情况，宝宝很有可能就是为了拒绝而拒绝，两岁左右的宝宝开始会有明显的独立意识，希望通过抗拒命令来维护自己的独立性。

解决建议：家长不需要太着急，不要一直不断地重复提醒和命令，想想你在青春叛逆期甚至现在是怎么对抗父母和 Boss 的？有时候压力只有反作用。同时，对于孩子学上厕所期间引发的各种悲剧，都要平静下来，耐心处理。不管你内心多起伏，请保持自己作为一个演员的专业素养。同时对宝宝的良好表现进行适度奖励，创造良性循环。

问题三：宝宝可以用马桶小便，但是大便却很成问题。

问题原因：这两者的使用频率有天壤之别，所以先学会用马桶坐着小便是再自然不过的事情了。有时候如果孩子在幼儿园造成“大便灾难”，或者在家出现的类似情况家长反应很强烈，都会导致宝宝有大便困难的压力。

解决建议：了解孩子的生理代谢周期，固定一个便便的时间，会让孩子形成好的习惯，并降低压力。可以跟孩子多聊聊天，看看他对于便便的压力是来自哪里。买一本人体结构的相关绘本，告诉他人为什么要吃饭上厕所，也会有很多帮助。

问题四：便秘

问题原因：首先要确保你家宝宝是真的因为生理原因便秘，而不是心理抵触上厕所。如果宝宝出于抵抗心理不愿意去厕所，时间久了恶性循环，也会真的造成便秘。

解决建议：解决生理性便秘的方法主要是调节饮食，增加富含纤维的粗粮、面包、蔬菜、水果，同时保持足够的饮水，这些可以改善便秘情况。还有就是加强体育锻炼，也会有助于肠子蠕动。当这些都不管用的时候，可以去看儿科医生，接受药物治疗。

问题五：孩子在家可以上厕所，但是在幼儿园却不愿意。

问题原因：和幼儿园老师进行更多的沟通，了解在幼儿园的作息时间和安排，从中找出原因。有可能是幼儿园的集体生活，大家一起去厕所，但是你的宝宝是更热爱隐私的自由派人士。也有可能是孩子只习惯家中的马桶，而学校的儿童马桶有非常大的差别。

解决建议：如果是宝宝的心理原因，跟老师沟通，看看老师一开始能否单独带孩子去上厕所，让他熟悉环境，或者让孩子和他关系最好的朋友一起去。如果是设施问题，又不忍心强硬让宝宝适应，那就只能自掏腰包为学校购买一个和家里一样的儿童马桶设备。

问题六：孩子之前已经学会上厕所，但是又开始尿床了。

问题原因：原因有很多，各种生活上的改变，比如换床、搬家、游泳课等等，都会造成孩子本身平衡的生活状态失衡，因此而尿床。

解决建议：多和孩子沟通，让他明白尿床没什么大问题，请家长了解，在这上面训斥批评只会让尿床愈演愈烈。可以有一点奖励机制，比如宝宝好好上厕所一天就可以得到一个小星星。当然，如果宝宝提出来希望再穿几天纸尿裤，那么请答应他。等几天到几周后，孩子觉得没有问题，就会脱掉纸尿裤了。

在上述问题一中，我们提到了帮助宝宝学习上厕所的趣味用品，可能会对家长朋友们尽早结束这场“战役”有些帮助。例如：便便娃娃，孩子的心理总是希望自己越成熟越长大越好，直到你希望自己更年轻一点的时候，就开始变老了。所以一个比他们 size 更小一号的会便便的小玩偶娃娃，会是他的好伙伴，让孩子在娃娃身上传递自己刚学会的如何便便的各种知识，是最好的深化记忆方法。除了玩具之外，还有关于便便的各种绘本《尿尿是什么？》。或者便便应用，不管是 iOS 系统还是安卓系统的手机应用商店，都有不少关于帮助宝宝上厕所的 APP，家长只要搜索一下 potty 或者厕所训练就可以找到。

我们不得不说生活在一个好时代，各种新产品层出不穷。家长朋友们只要稍加注意就会发现生活中有很多帮助我们培养宝宝的工具，让初为父母的人不再那么慌乱，宝宝可以更科学地长大。

科学达人爸爸的小小医疗室

吃手对宝宝有多大的危害?

温馨提示：爸爸阅读本篇文章后将：医学 +2。

吃手是很多宝宝人生的第一个爱好，但是对家长来说，吃手则总是有那么多不好的联想，脏啊、牙齿畸形啊、手畸形啊等等。到底吃手对宝宝有多大的危害呢?

吃手指是吸吮习惯的一种，除了手指，其实很多东西都可能成为爱好吸吮的对象，包括身体的各部分皮肤甚至脚趾，当然也包括安抚奶嘴和一些生活用品。吸吮是大部分灵长类动物所共有的一种爱好，相信这是来自婴儿期吸吮母乳的反射。这种吸吮的动作本身可以带来舒适和安全感。

吸吮手指的本能甚至要早于孩子出生，很多孕妇 B 超片显示胎儿都在吸吮自己的手指，这种情况最早可以在受孕第 15 周就开始了。从总体来说，吃手指不是一个很严重的不良嗜好。作为一个被各种不良嗜好组装起来的成年人，我们去担心小朋友的吃手问题，其实挺没资格的。烟、酒、重口味食品、垃圾食品、购物狂、网瘾……随便哪个拿出来都比吃手对人的伤害大 N 次方。

所以说假如不考虑伤害问题，其实吸吮本身可能是人类创造出来的最简单易行、成本低廉的得到满足感的方法了。只可惜花无百日红，随着年龄的成长，单纯的宝宝突然发现，原来这个世界那么刺激，这个时候简单的吸吮就无法完全满足宝宝了。

大部分的孩子对吃手的爱好到 2 ~ 4 岁时就会变得比较弱了，这个时候他们会发现玩具、零食比吃手要好玩多了，只有极少数比较专一的孩子到 5 ~ 6 岁还会继续有吃手的习惯。

吃手指最被诟病的是会造成牙齿畸形，传统儿科医生认为在宝宝换恒牙之前，这个问题都不需要那么在乎。美国儿科协会的建议也是在宝宝 5 ~ 6 岁之后，如果还有吃手的问题，那么家长才需要帮助改正。但是最近几年的研究显示，6 岁以前宝宝在乳牙期吃手也会对未来牙齿的发育不好。一方面这些研究还需要进一步的证实，另一方面很多医生认为这种伤害是可逆的。

除了牙齿的问题，另外一个问题其实是全年龄段都会遇到的，那就是卫生隐患。吃手的孩子一定会更容易接触到各种病毒和细菌，即便扣掉锻炼抵抗力的一点好处，生病概率也会变得更大。

另外一个被绝大多数家长忽视的重要又隐性的负面问题是心理压力。一方面吃手的孩子很容易从家长或者老师处得到压力；另外在同龄人中，很多时候也会嘲笑或者排挤还在吃手的孩子，因为这些孩子“长不大”。由此，对孩子的心理发育而造成的影响应该更多地被家长重视。

因此我们的建议是：4岁以下的宝宝吃手是不需要进行干预的，4～5岁可以根据自己家庭的情况选择干预与否，6岁以上则最好努力停止吃手。所以对于宝宝吃手的问题，家长应该采取这几种方法：

1. 吸吮给孩子带来的安全感是很重要的。如果你不希望他吃手，最好的办法是给他一个安抚替代品。对于低月龄的宝宝，如果是配方奶喂养，那么可以直接使用安抚奶嘴来替代吃手的效果；对于母乳宝宝，3～4个月以后也可以开始使用安抚奶嘴。

2. 即便宝宝不喜欢安抚奶嘴，或者你不想用安抚奶嘴，也没有必要强迫孩子在5岁之前停止吃手的习惯。事实上，当父母选择“忽视”孩子吃手的举动时，反而有利于孩子找到新的爱好，尽早停止吃手，而不是出于逆反心理继续吃下去。

3. 即便你很着急想让孩子停止吃手，也不要过于表现出来，给孩子太大的压力。宝宝吃手就是降低焦虑减少压力的方法，如果你强行制止，反而会加大他的压力和焦虑，就会起反作用，要更多地使用正面鼓励。

4. 不要使用那些投机的方法，比如在手指上涂东西，或者戴特殊防吸手指套，这些只会增强孩子的焦虑情绪。

5. 选择进行教育的场合，不要在公众场合，或者孩子难过受伤的时候禁止他吃手。

6. 树立一些正面偶像，用不着雷锋叔叔、草原小姐妹这些光辉形象，动画片里的所有他喜欢的人物都不会吃手的，这些都是他的榜样，适当地鼓励他向这些“成功人士”学习，会是不错的方法。

但不管如何，爸爸妈妈们需要记住的是，吃手是人最基本的安全感满足感需求的体现，这是人成长中的正常的阶段。它会来临，也会自然离开，我们要做的，其实是耐心地等待，等待孩子自然地成长。

被吻出的亲吻病，宝宝也来自星星吗?

温馨提示：爸爸阅读本篇文章后将：医学 +2。

最近，突然流行起来的一种病叫亲吻病。据说如果宝宝一旦被大人亲了，就会被传染上这种病，轻则高烧，重则面瘫，甚至死亡。一时间人心惶惶，大人孩子又回到了授受不亲的时代。到底这个吓人的病是什么呢?

所谓亲吻病，学名叫 EB 病毒（Epstein-Barr virus，EBv），又称人类疱疹病毒 4 型。1964 年的时候被英国的两位科学家——Epstein 和 Barr 发现，因此被命名为 EB 病毒。EB 病毒的一个特点就是飞沫感染的少，而是通过更亲近的接触进行传染，最主要的传染途径，就是口腔接触到病毒携带者的体液，比如唾液。因此才会被冠名为“亲吻病”。不过 EB 病毒并不是一种新疾病，更不是罕见的疑难杂症。基本上人一辈子怎么都会得上一次，然后人体产生病毒抗体，就再也不得了。

从年龄区分来看，新生儿体内还有从母体里带来的抗体，因此对EB病毒可以免疫。但是这些抗体或早或晚都会消失，之后就很容易感染EB病毒。到了5岁以后，一大半的孩子都已经感染过了EB病毒。等到了35～40岁，大概95%以上的人都感染过EB病毒。另一个导致EB病毒感染率那么高的原因是，到目前还没有开发出来有效的抗EB病毒疫苗。虽然目前我国和国外都有一些研究成果出来，但是距离真正全民接种的日子还有些时间。

那么很简单的一个推断，EB病毒的危险性一定不高。如果一个病毒是高传播性，又没有疫苗，它再是高致死率的话，那么人类就离灭亡不远了。不信的可以去玩最近很火的游戏《瘟疫公司》，你扮演的病毒或者细菌如果能进化到高传播、没疫苗又高致死的话，肃清全人类就是分分钟的事情。

事实上，绝大部分人感染EB病毒的症状跟普通感冒或者流感很类似，发烧、咽炎，基本上不用吃药7天左右就可以自愈了。因为流行时间和流感一样都是秋冬交界比较多，所以大部分人都会以为是感冒。只有极少数情况会引发一些更严重的相关问题，比如免疫系统疾病等等。此外，感染EB病毒的人，得鼻咽癌的概率会比普通人高一点点。由于后果不严重，所以大部分爸爸妈妈，虽然自己小时候就感染过EB病毒，但完全不知情，结果过了几十年到今天才知道有个“亲吻病”，被吓一跳也是正常的。

因为国人不喜欢分餐制，所以绝大部分孩子很小就感染了EB病毒，不过基本上都是当普通感冒治疗，休养自愈。相对来说，欧美小朋友得EB病毒的要少一些，不过长大后一定跑不掉的，到了青春期谈恋爱的时候，没得过EB病毒的大部分人也都会被感染一次。从欧美人群的统计来看，早得病要比晚得病更好。儿童期感染EB病毒，基本都是简单的发烧和咽炎这样，严重点的会出一些红疹。而当到青年期感染EB病毒之后，反而更容易出现传染性单核细胞增多症等问题，导致肝功能异常，甚至发生脑炎。

因此家长不需要那么担心“亲吻病”，我们基本上都得过，也都活蹦乱跳地长大了。我们的宝宝基本上也都已经或将被感染一次，产生抗体之后就终身免疫了。绝大部分宝宝感染EB病毒后都会自愈，家长们只须要正常的观察护理就可以了。如果出现比较严重的高烧不退、精神萎靡等情况，不管是不是EB病毒，都要及时送医诊疗。同样的，通过不亲孩子，来避免EB病毒传染是不可行的，就算你能忍着5年、10年不亲孩子，以中国人不分餐的饮食习惯，餐桌上感染EB病毒的可能性也非常高。就算你天天盯着用公筷公勺，你总不能以后不许孩子谈恋爱吧，到时候一个kiss，你的几十年辛苦就付诸东流了。

所以，好好吃饭，锻炼身体，增强抵抗力，注意个人卫生，这才是需要家长们注意的。如果大人本身不是患有传染疾病，想亲宝宝就放开胆子亲吧。宝宝们不是来自星星的小都教授，不用重点保护，这是一个要表达自我感情的张扬年代。

晒太阳补 VD，冬天来了该怎么办?

温馨提示：爸爸阅读本篇文章后将：医学 +2。

对于很多宝宝来说，除了吃喝睡，出门晒太阳就是最重要的工作了。不过进入 11 月，冬天已经来了，北方的气温降到了个位数甚至负数，出门晒太阳就成了一个比较麻烦的事情。要不要出门？隔着玻璃晒可以吗？

首先需要明确一件事情，在空气质量良好的天气里，穿上合适的衣服出门散步是一件对家长和孩子都有益身心的事情。新鲜的空气，舒服的阳光，运动锻炼，即便不考虑维生素 D 啊、钙啊什么的，也是应该做的。等等，为什么要不考虑呢？这才是今天的重点啊。

先解释一下晒太阳和中国人民的终极理想——补钙之间到底有什么千丝万缕的关系？说晒太阳补钙，或者晒太阳有利于钙的吸收，其实都没有错。但是晒太阳和补钙之间还隔着好几道因果关系，我们信的是科学教不是太阳神，实在是做不来将晒太阳鼓吹成包治百病的事情来。

钙是人体最重要的元素之一，但是人体吸收钙是件挺复杂的事情。为了更好地吸收钙，人体需要一种叫骨化三醇的化学物质来帮助，而骨化三醇则是由维生素 D 转化出来的。人体里 VD 的来源有两种，要不直接从食物或者补剂中获取，要不晒太阳。

那么，晒太阳是怎么帮助人制造 VD 的呢？这归功于人的皮肤，准确地说是表皮层里的基底层和棘细胞层。作为人体 5 层表皮组织中最靠内的部分，这两层含有一种特殊的胆固醇，可以在紫外线 UVB 的作用下转化为 VD。

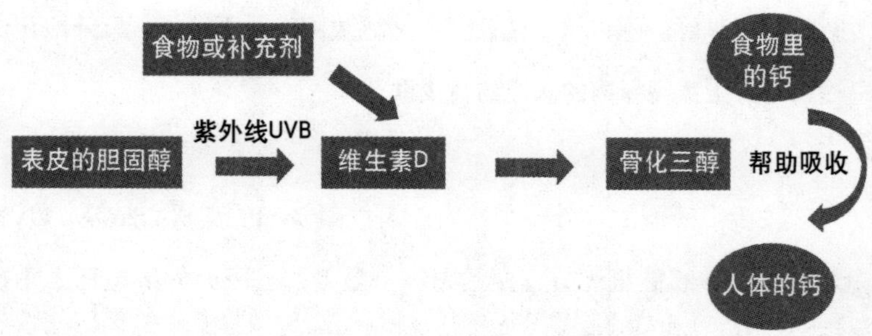

这就是为什么很多“专家”和媒体说晒太阳是最天然、最便宜、最安全的补充 VD 的方法了。不过天然和便宜没问题，安全吗，还是打个问号吧。就算把空气污染这些问题扣除，**晒太阳也未必是件很安全的事情**。

之前我们说过，电磁波波长越短，频率越高，能量越高，对人体伤害也越大。紫外线根据波长可以分为 A、B、C 三级，帮助生产 VD 的是紫外线 B（UVB）。这已经是人自然生活中能接触到的波长最短的阳光了，UVC 以及波长更短的宇宙射线这种，都会被大气层隔绝在地球之外，否则人类早灭绝了。

长时间接触 UVB，虽然可以制造 VD，但也容易造成眼睛伤害、皮肤病甚至皮肤癌，这就是为什么美国科学院医学研究院（IOM），死也不肯给出人一天应该晒多少太阳来补充 VD 的推荐值的原因。如果一旦给出来这个数，那么估计没几年就被皮肤癌患者起诉关门了。

因此在夏天天气晴好的时候，建议大家带孩子适度晒晒太阳。宝宝的皮肤的确可以转化更多的 VD，从而促进吸收钙质，但千万不要以为晒得越多越好。不过这个建议在冬天晒太阳就行不通了，**紫外线无法通过孩子身上裹得厚厚的衣服到达皮肤。**

关于电磁波的另外一个特点就是能量越高的穿透力越差，UVB 作为阳光中最高能量部分，穿透力也是最差的。因此如果想晒太阳补充 VD，前提就是别穿衣服，或者穿很薄的衣服。事实上高纬度邻近北极圈附近的人民，因为本身紫外线辐射低，加上衣服总是很厚，以前都是 VD 缺乏症高发人群。

如果不出门呢？家里阳光充足的时候，少穿衣服，能否晒太阳补充

VD 呢？答案也是否定的，普通玻璃虽然能几乎 100% 地让可见光通过，但是对于比可见光波长短的 UVA，穿透率只有 10% ~ 90%，对于合成 VD 要用的 UVB，更是 90% 以上地被屏蔽掉。即便晒得浑身发烫，也合成不了多少 VD。

既然冬天出门晒太阳和在家晒太阳都没办法生成 VD 进而补钙，那怎么办呢？很简单，老实吃补充剂就好了。哺乳的妈妈应该被很多医生提醒过，从小就要补充 VD。配方奶的宝宝本身奶粉里就含有足够的 VD 了，加上补充剂，更不用担心缺乏 VD。事实上维生素 D 缺乏症，也就是佝偻病，在美国或者欧洲已经是一种非常罕见的疾病。极少的发病人群也不是因为不晒太阳，而是饮食习惯太偏，比如不吃肉类导致的。欧美人民是如何将这种常见疾病消灭的呢？答案是：**口服 VD 补充剂**。

对于我国都市儿童，佝偻病发病率虽然比欧美要高一些，但绝对值也不高，发病的主要原因也不是钙补少了，或者太阳晒少了，而是家长忘记或者拒绝给孩子补充 VD。

最后回到冬天晒太阳的这个事情上面，我们的建议是将晒太阳同补钙或者补充 VD 割裂开来，户外运动很重要，接触自然也很重要，就算没有补充 VD 的噱头，也要坚持进行下去。不要再纠结冬天是出门晒太阳还是在家晒太阳，其实两者都补充不了多少 VD。而且对于母乳宝宝来说，坚持给孩子补充 VD，是避免孩子得佝偻病的最重要方法，千万不要想多晒晒太阳就不需要补充 VD 了。

孩子缺乏微量元素吗?

温馨提示：爸爸阅读本篇文章后将：医学 +2。

在当代中国育儿事业中，最会让人觉得匪夷所思的事情之一，就是微量元素。基本上每个宝宝的家长都会为了这个词纠结多年。

微量元素是指在人体内含量很低，但是又必须有的一些元素，一般来说如果人一天的需要摄入量在 0.1g 以内，就被称之为微量元素。通常包括铁、硅、锌、铜、碘、溴、锰等等。这些元素对于人体来说的确是必不可少，很重要。当人体缺乏某种微量元素的时候，就会有很多麻烦的问题出现。这部分所有卖药卖补品的都天天说，我们就不重复了。

之所以中国爸妈对微量元素这么在意，并非国人体质或者我们水土不好。而是因为中国人刚刚从两三百年的长期贫穷状态中恢复过来，我们的精神上还不能理解不缺营养的人生是什么样子。这样的心理形成了整体害怕营养缺乏的环境，任何一个发育指标落后，任何一个宝宝不舒服的情况，都会被强迫和某种微量元素匮乏挂钩。

这恐惧心理又导致大量医药行业的从业人员热衷于用补剂包治百病，以及将微量元素打造成一个基于虚假需求的庞大市场。在这个市场里，如果想找一个虚假指数最高的，那就是微量元素检测这个奇葩。从30年前左右开始，各种微量元素的检测方法一个接一个地出现。从烧头发，抠指甲，到抽血，甚至还发明了拿铁片在身上晃一晃就能检测出来微量元素的神奇机器。

每种检测方法一定都会说自己是最科学最准确的，限于篇幅，我们没办法一个个地去分析每种方法的技术问题。但是不管是哪种方法都存在着同样的致命问题。首先，不管是如何取样来做检测，样品都只是人身体中的一个组成部分。头发、指甲、皮肤，甚至血液，都不可能完整地代表人身体整体的微量元素的含量及分布情况。甚至在采样过程中都不能代表该部位的微量元素情况，比如指血在采集过程中必然会混杂如其他组织液，因此不能代表血液内浓度。

比较典型的是验血查是否缺钙，人体中的钙会以几种不同的形态存在着，血钙只占大概1%的比例。血液中钙的浓度是“多退少补”的，如果血钙浓度降低，则会由骨钙分解来补充。因此，靠测血液中钙含量来断定是否缺钙是完全不准确的。那为什么还有很多医院给宝宝这样做？大概是觉得万一测试数字低了就可以直接让你补钙了，万一没低再告诉你说就算血钙不低也还是缺钙。不管怎样，至少先赚一笔检查费吧。

其次，我们检查的是微量元素，在人体中的含量一定更少，否则就不叫这个名字了。以锌为例，人体中锌的比例是十万分之三。10 公斤重的宝宝，体内的锌大概是 0.3 克，而这其中只有 10% 在血液中。一次指尖采血，大概可以采集 0.1ml 的血液，在这里面能采集到的锌的克数，大概也就是小数点后面七八个零。这种 μg 等级的检验，就算是专业化学实验室想检验出来都很麻烦，对于并非专业做这个事情的社区医院、药店或者卖补锌口服液的商家，想做到这种精度的检测，实在是有点为难人家了。

即便你相信检验方的技术，也最好不要接受这样的微量元素检测，因为这样其实是把对方往违法违规的火坑里面推。2013 年国家卫计委发布通知，禁止各类医疗机构对儿童展开非诊断类的微量元素检查。换句话说，除非是真的怀疑宝宝得病，否则不能检查微量元素了。通知的原文是这样的：**根据儿童的临床症状，可以开展有针对性的微量元素检测，但要规范取血技术操作和保存流程，使用的仪器设备应当取得食品药品监管部门批准。非诊断治疗需要，各级各类医疗机构不得针对儿童开展微量元素检测。不宜将微量元素检测作为体检等普查项目，尤其是对 6 个月以下婴儿。国家卫生计生委要求地方各级卫生计生行政部门加强对辖区内各级各类医疗机构的监督管理，对违规开展儿童微量元素检测的医疗机构依法依规处理。**

对于这种既无意义又违法违规的检测，家长最好还是敬而远之。在中国城市目前的营养条件下，只要家长注意平衡饮食、保证日常餐饮的丰富程度，是不需要担心孩子微量元素缺乏的问题的。

用 1 分钟了解儿童发烧

温馨提示：爸爸阅读本篇文章后将：医学 +2。

不少初为父母的年轻人，面对宝宝发烧的问题时都会手足无措，不知从何下手。有人会说：宝宝发烧不是大病，不要去医院打针吃药，反而对孩子成长不好；也有人说：孩子生病就要立即去医院。那么，哪种说法对呢？发烧是什么，它对孩子到底算不算大病？如果你对此也存有疑惑，那么就抽出 1 分钟来，听我们细细说一下。

发烧并不是一件可怕的事情

首先要真正了解发烧是什么，多少度才算发烧？在正确地使用体温计来测量孩子的温度，根据你测量温度的部位的不同，发烧的标准也不同，比如：口腔，37.5 度以上可视为发烧；直肠（最准确），38 度；耳温，38 度；腋下，37.2 度。当然每个孩子的正常体温不一样，家长应该记录一下宝宝平时的体温，这样对判定是否发烧有帮助。

在人体中，控制体温是人脑中一个叫下丘脑（Hypothalamus）的来负责的，它是一个杏仁大小的组织，用来控制内脏活动和一大堆要命的内分泌活动，体温、血糖、水平衡、脂肪代谢、饮食习惯、睡眠、情绪甚至 OOXX 都是要靠它控制的。通常下丘脑把人体控制在一个合适的温度下（大部分人是 37 度），不过这种控制不是那么恒定：早上会低些，晚上又高些，运动、玩耍、洗澡都会导致体温的变化。但有些时候，由于感染、生病或其他原因，受到这些刺激的下丘脑会告诉人体把体温控制到更高的区间上去，这就是我们俗称的“发烧”。一些研究人员相信，这是人体和细菌的斗争：很多病菌的最佳存活温度就是体温 37 度，发烧有助于帮助消灭病菌，所以发烧不是生病，而是抵抗生病的战斗。

需要大家注意的是：我们从小常听到的脑袋或眼睛被烧坏了等，是因为这是脑膜炎或其他疾病带来的发烧，而不是发烧本身导致脑损伤的，传统观念中因为缺乏对真实病因的了解，有些是因果倒置了。

发烧后不要着急退烧

家长朋友们一定要记住的是，发烧本身不是一种病，它只是身体内一些问题的外在表现而已。如果孩子发烧，家长的注意力应该放在是什么导致孩子发烧，而不是着急退烧。

对于引起发烧的主要原因无外乎这几种：感染，大多数发烧是由于人体受到病毒感染或者其他疾病感染导致；穿得太多，由于孩子本身调节自身体温的能力还没有发育完全，所以如果裹太紧或者环境温度太高，都有可能导致他们发烧；接种疫苗，孩子接种疫苗后有时会有低烧的正常反应；出牙，不过虽然出牙有时候会导致低烧，但一般不会超过37.8度。

发烧的严重性和体温高低不成正比

近1～2年，国内一些“著名”儿科医生都在微博上面建议儿童普通感冒发烧其实是不需要送医治疗的，我们赞同这一点。不过有些时候发烧可能会是一些严重疾病的表现，那么孩子发烧什么时候是需要尽快送去医院检查就诊的呢？我们根据孩子的年龄给出一些建议：

1. 3个月以下的婴儿发烧超过38度需要尽快就诊——即便是轻微的发烧，在新生儿阶段也可能是严重感染的表现。

2. 3个月到3岁的孩子，如果发烧超过39度，建议送医就诊，向医生咨询。

3. 超过3岁的孩子，建议家长观察孩子目前的综合表现，如果有如下表现，需要送医：一、在活力与外观表现上，宝宝出现不爱玩耍或者反应迟缓，吃饭喝水不正常（胃口不好是比较普遍的现象，但如果饮水不正常就需要加强注意了）。虽然宝宝体温有所下降，但精神仍然很差或心跳仍然很快。甚至，皮肤颜色不正常或有皮疹出现（考虑手足口病等原因）；二、在消化排泄方面，宝宝出现反复的呕吐或者腹泻，小便疼痛，小便减少，哭没有眼泪（考虑脱水的可能）的情况；三、在体温方面，出现持续发烧（2岁以下24小时，或2岁以上持续72小时）或长时间间断性的发烧；四，孩子有慢性疾病的历史，比如心脏病、红斑狼疮等等。

虽然上面列出来了一大堆需要送医的情况，但其实这些情况出现的概率不高，一些家长一辈子可能没遇到过，大部分发烧是普通感冒造成的。可父母也一定要记得的是，生病的严重性和体温高低可不是成正比的。普通的感冒可能导致 39 至 40 度的高热，但不会对孩子身体造成严重影响，不用吃药过几天就好了。而低烧甚至体温降低，有时候却是一些严重的感染的反应（如结核和红斑狼疮等疾病往往表现为低烧，而败血症则可能表现为体温降低）。家长更应该关注的是孩子的精神状态和整体表现，而不是只在乎体温计度数。

宝宝什么时候开始需要刷牙？

温馨提示：爸爸阅读本篇文章后将：牙科学 +2。

大家都知道刷牙的重要性，但什么时候才需要给宝宝刷牙呢？其实，在宝宝长牙之前就可以开始给宝宝“刷牙”了。不过，这个时候还不需要用牙刷或者牙膏。在洗澡的时候，用纱布或者柔软的湿毛巾裹在你的手指上，然后轻轻擦他的牙龈就好了。

通常在牙齿出现前，口腔内的细菌是不会伤害宝宝的牙龈的。但当牙齿开始向外钻的时候，这就很难说了。所以最好在出牙之前，就开始给宝宝刷牙床。这样的另外一个好处是可以让宝宝习惯刷牙作为他日常工作的一部分，以后应该会更容易过渡到刷牙。

大部分的孩子会在 6 ～ 12 个月期间出牙，不过有些宝宝的出牙时间会更晚一些，比如到 15 ~ 18 个月，这都是正常的，不需要太担心。当第一颗牙齿开始出现之后，你就有理由买牙膏和牙刷来满足购物欲啦。

牙膏的选择也需要注意，尽量选择含氟量较小的牙膏，这个时间段还不应让宝宝接触太多的氟，每次刷牙挤出米粒大小的牙膏就足够了。选择婴儿牙刷时需要注意三点：牙刷毛要软，牙刷头较小，而握把要大更适合你的手。一旦牙刷毛开始磨损或变得散开，你就需要更换牙刷了。

给宝宝刷牙也要一天两次，每次轻轻刷宝宝每个牙齿的内侧和外侧。如果宝宝同意的话，还可以刷他的舌头以祛除细菌，避免引起口臭。由于你使用这种少量的牙膏，也没有必要清洗。

最近这些年牙线的使用在国内也比较流行起来，其实小朋友也可以使用牙线。宝宝的牙齿缝隙相对较大，因此牙缝中间残留的物质会比较多，用牙线可以更好地清理掉。虽然一些家长有担心，但没有证据表明，使用牙线清洁宝宝牙齿会对牙齿有任何损伤。大多数牙医都会建议使用牙线去清洁那些不能用牙刷刷到的牙面。

另外一个关于刷牙用具比较常见的困惑是牙膏的含氟问题，氟是一种让人纠结的化学成分，氟化物可以保护牙齿，防止被腐蚀，减少龋齿的产生，因此大部分牙膏里都会含氟，甚至自来水里都会添加一定的氟。但的确有一些科学家怀疑氟化物会造成一些慢性疾病，甚至可能引发癌症。不过科学家的工作就是去怀疑，目前还没有研究成果能真的把氟化物和癌症这些问题联系起来。可氟如果多了，的确会造成牙齿变色，出现氟斑。

在我国一些地区，比如矿区，地下水里含氟量很高，就容易出现氟斑。这个地区的居民相对来说就不应该再使用含氟的牙膏。对于儿童而言，需要注意的是要选购含氟量稍低的儿童牙膏，对于 0 ~ 3 岁的孩子，牙膏使用量只需要米粒大小，3 岁以上的宝宝，则增加到黄豆大小，还要尽快教会孩子不要吞咽牙膏。

当宝宝开始出牙之后，家长也需要更加注意宝宝的饮食结构问题。甜食和淀粉类食品，都会促进蛀牙，包括水果、干果、果汁和各种主食等等。这些食物主要应该在正餐时间食用，而不是随时当零食拿出来吃。同时吃完之后应该注意喝水来冲淡口腔里的糖分。

最后需要注意的是，对于已经出牙的宝宝，还保持睡觉前喝奶、果汁或者其他含糖饮料，甚至还有夜奶的习惯。这些液体都会提供大量的糖分给口腔中的细菌，导致龋齿的产生。

宝宝用湿纸巾会中毒吗?

温馨提示：爸爸阅读本文章后将：化学 +2，清洁 +3。

最近，育儿圈里流传着这样一种说法，“湿纸巾有毒，不要给宝宝用”，这条信息在网上流传后并被国内某医院最知名的儿科 C 大夫转发助威，瞬间一个爸妈们新的仇恨对象就诞生了。

这次犯事的主要是湿纸巾里面的丙二醇，罪名是有毒。如果让孩子擦手，之后孩子吃手就会中毒。热心媒体的编辑还给出了中毒数据：“湿纸巾对于儿童来说，急性毒性是 79mg/kg 体重。”这是有史以来我们第一次看到某个具体产品而不是成分的毒性报告了。估计过几天还能看到皮鞋或者帽子的毒性是多少。那我们认真公平地分析一下丙二醇和湿纸巾有多少问题。

丙二醇其实不止一种，在湿纸巾中用到的叫作1,2-丙二醇（Propylene Glycol）。“丙”代表分子有3个碳，“二醇”是说碳链上有两个羟基（氢氧基-OH），“1,2”指的是羟基在第一和第二两个碳原子上。写出来就是CH_2OH- CHOH-CH_3。这是一种无色也几乎无味的吸水性较强的黏稠液体，在湿纸巾中用到它的原因是：一方面可以让皮肤保持一定时间的湿润；另一方面则是有一定的杀菌作用。

那么丙二醇有多少毒性呢？把它吃下去会怎样？其实，实验用的小鼠食用LD50（死掉一半老鼠的量）的丙二醇，口服急性毒性可不是79，而是32000mg/kg。类比一下，酒精的口服急性毒性大概是丙二醇的4倍多，食盐是它的10倍。事实上，丙二醇因为毒性低的优点，还是一个非常常见的食品添加剂，用在各种豆制品、面制品、糖果、肉类等中。在糕点类里的使用量上限是0.3%，而湿纸巾的液体成分中，丙二醇的含量不过是0.1%。换句话说，你就算把湿纸巾当糕点吃，丙二醇含量都是没有超标的。

那为什么Dr. C非说丙二醇那么可怕呢？因为在丙二醇的毒性栏目上，写的是“低毒”。怎么能把有低毒的东西给孩子呢？应该是无毒的才对！好吧，那这不能怪丙二醇，是学化学的人都太实诚了，死也不承认这个世界上有“无毒”的东西。有毒无毒只在于量的区别而已，连身边的氧气和水都能毒死人。对于化学专业的人来说，低毒已经是表扬了，但是在不懂化学的Dr. C眼中，这就成了骂人的话。

不过丙二醇没那么可怕，是不是就代表着家长可以安心随便用湿纸巾了呢？不是。低毒甚至传说中的无毒物质都可能对宝宝有害。事实上，因为遗传的原因，每个人的免疫系统都不完美，大部分人都会对很多无害的物质产生应激反应，也就是我们在湿疹问题中提到的“变态反应”。而宝宝的免疫系统还在发育中，所以这种过敏会更常见。

很多跟我们咨询宝宝皮肤炎症，尤其是肛周红肿的爸爸妈妈，主要问题都是天天给宝宝用湿纸巾擦屁股造成的。即便大家都说自己买的是比较贵的婴儿湿纸巾，里面都是纯天然成分。但是谁说纯天然成分就不会引起过敏呢？绝大部分过敏原都是天然的。湿纸巾中的各种天然不天然的成分，比清水更容易引发尚未成熟的免疫系统的应激反应，就会导致皮肤病的出现。

所以，关于湿纸巾，我们建议的使用方法是：1. 对于宝宝，湿纸巾不能作为日常长期使用的清洁工具，便便完，最好使用温水冲洗，然后用干净的毛巾或者纸巾擦干。2. 无论是在家中还是在室外，最好还是用自来水洗手，辅助肥皂洗手液，用自来水加洗手液可以祛除绝大部分的细菌，效果已足够了。3. 如果条件不允许，可以使用湿纸巾清洁擦手，没问题。湿纸巾的问题主要是对皮肤有一定刺激性，并非成分有毒。没必要过分担心，除非你的宝宝用某种湿纸巾擦完手后出现皮肤过敏的症状，否则都没问题，该用还是要用，湿纸巾是一个非常方便有效的工具。4. 湿纸巾可能会对皮肤比较敏感的宝宝造成影响，这个需要家长注意。但如果你家宝宝一直使用某个湿纸巾也没出现问题，那证明宝宝不会对这个产品过敏，可以安心用下去。5. Dr. C 推荐的外出携带湿毛巾放在袋子里的方法，最好不要采用。和一次性的湿纸巾相比，湿毛巾可没有抗菌成分。擦完手放在塑料袋里，湿润温暖充满氧气，是个不错的细菌培养皿。下次你用的时候，毛巾和手哪个细菌多还真不一定。

孩子应该消毒还是“不干不净”？

温馨提示：爸爸阅读本文章后将：卫生度 +2，洁癖 -2。

最近有个新闻在国内传播得还算蛮广的：美国明尼苏达州本月出台了法律，逐步禁止含三氯生的香皂销售。之后国内媒体很努力地解读了一下，给三氯生扣上反人类的帽子，然后着实声讨了一下各大日化公司。然后，国内相关部门也并未出台任何政策。这让不少爸妈们心里犯嘀咕了，我们要不要跟美国学习呢。这个事情的原委又是什么呢？消毒肥皂有什么害处？还能用吗？

我们先从惹事的三氯生说起。三氯生是一个翻译得非常非常二的俗名，来自英文 Triclosan（Tri 三 +Cl 氯 +San 生）的音译意译的混合，大名是二氯苯氧氯酚。这是一个从四十年前就被广泛应用的消毒剂，最开始用在医院，后来延展到日化用品中，现在很多的香皂、洗头水、漱口水、牙膏里都含有三氯生。而很多标榜自己防菌的玩具、厨房用品、垃圾袋甚至纺织品里也都含有这种物质。不过肥皂里含量大概是 0.1% ~ 1%，相对来说含量并不多。

那三氯生可以杀菌是否对人体有害？这个问题就复杂一些了。因为生物体差别太大了，所以人类可以发明发现很多专门针对细菌、昆虫的毒药，但是对人是无毒或者低毒的就不太好说了。三氯生就是专门破坏细菌的 ENR 酶，但是人体中没 ENR，所以这方面不会受影响。

当然，任何东西吃多了都会要命，我们之前说夏天车里的水瓶和添加剂文章中都提过这个指标：LD50（就是吃死一半大白鼠的剂量），三氯生的 LD50 毒性是 5000mg/kg 体重。换算一下，也就是人吃掉和自己一样重的肥皂，才能被毒个半死。

肥皂当然不是用来吃的，三氯生在人体存留时间也较短，这就是为什么四十年中，虽然很多科学家都怀疑这种物质对人体有害，做了各种研究，但也无法拿出确切证据说服 FDA（美国食品药品监督局）来禁用它。

那既然低毒，为什么明尼苏达森林狼，不对，是州政府要禁用它呢？这个禁令有一个热爱吓唬人的国内媒体没搞懂的细节，就是禁令生效时间是 2017 年，为什么要给生产商家 3 年时间，而不是立刻禁用呢？禁用杀菌肥皂不是因为有毒，而是由于以下两点：1. 生态影响；2. 没用！

生态危害是此次禁令的核心原因。除了对水生藻类也有一定毒性，三氯生和我们之前提过的抗生素一样，大量使用可能会造成细菌的抗药性增强，不知道什么时候就逼着细菌进化成我们搞不定的高级品种了。而促使禁用的另一个主要因素就是，含三氯生的所谓杀菌肥皂比普通肥皂在杀菌性方面几乎是没区别的。2007 年密歇根大学的一项研究证明了这一点，而去年年底 FDA 关于三氯生的公告中也表示同意研究结果。这是最终导致禁用的导火索。州政府无法忍受一个对环境有危害又没什么用的东西存在，于是向各大日化公司怒吼一句：3 年内把库存卖光！然后老实生产普通肥皂，别再玩噱头！

既然三氯生肥皂对环境有危害又无用，那用什么给宝宝洗手杀菌呢？我们的建议和 FDA 一样——普通肥皂就好了。即便以后各大日化公司推出了新的“不含三氯生”“环保无毒”“天然杀菌”或“中药成分”的肥皂，大家也可以完全无视，就算他们良心发现地说次实话也无视吧。为什么？因为在孩子的成长过程中过度杀菌，弊大于利。国外的儿童过敏比例远大于国内，不管是食物过敏还是呼吸道过敏。即便是中国人跑去国外生了下一代，过敏比例也很高。原因之一就是，国外太干净了……

人体的免疫系统是一个学习过程，不断地接触新鲜事物，然后学会如何抵抗。而在无菌或者少菌环境下生长的孩子，免疫系统得不到锻炼完善，结果反而比那些总被“锻炼”的孩子更容易过敏和生病。

关于三氯生的各项研究中，有一个蛮有趣的现象：2011 年密歇根大学的一个研究显示，日常使用三氯生的儿童容易花粉过敏，研究人员想由此推断出三氯生破坏免疫系统，但结论比较牵强。其实，如果这个研究人员学过育儿和社会学，从另一方面来推就合理多了：这些给孩子用杀菌肥皂的家长，肯定特别怕孩子接触细菌，体现在各个细节上，在这样“干净”环境中长大的孩子，就很容易花粉过敏。一个例子就是世界上最有洁癖的日本人，花粉过敏比例最高，一些到日本留学生活的中国人过些年也会花粉过敏。

虽然怕孩子生病是家长的天性，但是为了孩子未来的健康着想，其实家长只需要培养孩子良好的卫生习惯，而不是过度强调无菌。比起小时候，现在有更良好的医疗保证和更充足的营养。那么不管是孩子还是我们自己，在讲卫生的同时，适度地接触细菌，锻炼免疫力，不是更好吗？

幼儿园病毒灵事件和抗生素滥用

温馨提示：爸爸阅读本篇文章后将：药理学 +2。

首先，我们对西安、吉林等地的一些黑心幼儿园在未经家长同意的情况下就给孩子吃药表示由衷的愤慨，无论是出于什么原因，必须保证家长对于孩子的医疗是完全知悉、了解和同意的。我们坚决站在犯罪分子的对立面，毋庸置疑。

其次，我们不得不说，目前网上关于这个事情虽然群情激愤，报道连篇，但是很多问题都是混乱和错误的，我们先通过以下的几条来帮大家稍微理清一些。

1. 报道中西安和吉林等地的幼儿园，喂孩子吃的“病毒灵”是一种潜在抗病毒药物，不属于抗生素。

2. “病毒灵”目前已经被大部分医院放弃使用，因为这种药的药效实在是太差了，根本无法有效抵御病毒。

3. “病毒灵”的副作用也很小，包括食欲不振、出汗和低血糖，对儿童的不良反应报告也很少。

4. 这些幼儿园管理者出于赚钱的目的，给孩子喂了一种以便宜、没用而著称的药，幸好这种药对孩子本身不会造成严重的不良影响。

不过看到这点，不禁设想如果幼儿园私下给孩子吃了另外一种以便宜、疗效不明确而出名，甚至副作用可能比病毒灵还要明显的药物“板蓝根”，家长是不是还会这么愤怒呢？尤其是目前网上的各种新闻文章纷纷开骂抗生素，这事这么揪人心弦还是因为“抗生素滥用”概念的风气。

其实看到家长重视抗生素滥用，应是件很开心的事情。控制滥用抗生素的确是个全球性的严峻问题，而中国的抗生素使用率远超过欧美国家，是重灾区。不过这一两年尤其是一线城市国人看到欧美开始高喊控制使用抗生素，就开始视抗生素如毒药，针对这点，我们日前将问题踢给了一位外国“专家”：日内瓦大学附属医院感染科主任 Didier Pittet。热心专家回答了很多，我们把他回复中的要点归纳了一下。

1. 抗生素是人类历史上最重要的发现之一，欧美平均寿命从 100 年前的 40 多岁到现在的 70 多岁，抗生素是功不可没的。

2. 抗生素是人类对抗细菌最有效也是最后的武器，这才是为什么不能滥用抗生素的根本原因，因为一旦这个武器失效，出现抗生素不能对抗的超级细菌，人类就会回到 100 年前没有抗生素的年代，是很恐怖的事情。例如因为抗生素失效，近期结核病的治疗越来越困难。

3. 因为抗生素其实是一个薄利的药物，大的国际医药公司已经停止研发新的抗生素，而同时因为滥用，现有的抗生素失效期越来越快，这些都会导致在新的病菌出现的时候而没有抗生素可以使用的情况发生。

4. 特定人群是会对一些抗生素产生诸如过敏反应等副作用，但总体来说中国医院使用的抗生素基本是副作用报告较少的种类，父母不需要过于担心抗生素的副作用。

5. 造成抗生素滥用的问题不只是医疗，还包括抗生素药物的随意丢弃和动物饲料滥用抗生素（这点并不是我们国家特有的现象，是 60 年来全球普遍使用情况）。

6. 中国抗生素管理出现两个极端的问题：一方面是很多医生和医院依旧乱用抗生素，给不需要使用的病人开药或者给普通病人开高级抗生素；另一方面国家又在谈抗生素色变的环境下收紧了抗生素使用的权利，目前只有 50 种抗生素允许被使用，一般医院只有 35 种，医师使用高级抗生素的权力远少于国外医院，这导致出现感染高级细菌的病人无法及时得到正确治疗。

7. 给不需要使用抗生素的人使用抗生素的确可能会导致抗药性，以后患病更难治疗，但很多中国病人的问题是医生不叮嘱最短疗程或者病人出于害怕抗生素而随意停药，这样更容易导致抗药性的产生。

8. 以欧洲的一些例子，在控制抗生素使用之后的一段时间，就会有效降低细菌的抗药性，从而解决问题。

9. 以下方法都是可以减少抗生素滥用的有效办法：通过多吸收，隔离输液的方法减少交叉感染；对不需要使用抗生素的病人，如一般的感冒患者不使用抗生素；在使用抗生素前做感染源检查，确定使用对的抗生素；通过多国合作，让全球性减少抗生素使用。

所以，最需要爸爸妈妈们了解的是：抗生素是人类的好朋友，因为太重要所以不能滥用而不是因为有害；滥用抗生素的危害更多的是危害全人类而不是个人问题，所以不要乱丢；一般的感冒不需要使用抗生素最好也别输液，确认感染源后对症下药使用正确的抗生素，并问清大夫要吃几天，药不能停哦。

面对抗生素，家长们可以小心，也应该珍惜，但不要恐惧。

一起揭开湿疹的真面目

温馨提示：爸爸阅读本篇文章后将：皮肤学 +2。

我们经常写一些关于宝宝生病的相关文章，有不少粉丝以为我们是一个医学公众号团队，其实并不是，我们讲的是科学和快乐的亲子生活。我们会按照我们的习惯和定位来讨论疾病和医药。比如这篇湿疹入门，我们不会告诉你有哪些特效药，也不会告诉 100 种偏方的对错。我们会说的是：湿疹到底是什么，宝宝为什么会得湿疹。希望家长了解这些以后，可以变成轻松从容不迫的准专业人士。“授人以鱼不如授人以渔”，假如你同意这点，请继续阅读。

湿疹最大的问题是什么？是它的名字叫“湿疹”。湿疹名字来自中医的“湿疮”，是因为中医认为，这种病是人体中的湿气和外部湿气相互影响，导致风、湿、热蕴结于皮肤而成。因为叫这个名字，所以很多家长在看到宝宝得了湿疹，第一反应就是：捂了？热了？但是，你知道吗，其实有些国家的语言中根本没有一个词叫“湿疹”。而另一些语言中，湿疹和另外一个词是完全等同的，那就是皮肤炎。如果你想在网上的各种医学或者生活百科中搞明白什么是湿疹，什么是皮炎，那估计你一定能急出一身的湿疹来。似乎每个资料的说法都有差别，似乎每个说的又都有道理。为什么？因为湿疹这个词是中医创造的，引用的是中医湿邪的理论；而皮肤炎的定义是现代医学的产物。想在这两者之间找出一个关系来？恭喜你进入人类医学史上的奇葩——中西医结合这个伟大领域了。你想干的事情和论证大天使加百列同马克思的血缘关系是一个难度系数的事情。

那在日常生活中，遇到湿疹又不想精神分裂怎么办？除了考一个皮肤病学博士学位外，还有一种简单有效的方法——无视“湿疹”这个名字的任何字面含义，告诉自己这病就是皮肤炎！

那么，解决了世界观的问题，我们下面来讨论下对付湿疹的方法论。每年全球会有3%的人得湿疹，而其中高发人群就是儿童。怎样能不得？扣掉遗传基因加分外，湿疹是特公正的疾病，不管妈妈怀孕时候吃什么，也不管孩子是母乳还是配方奶，一概减少不了得湿疹的可能。不过从大数据统计上，湿疹是一个重女轻男、嫌贫爱富的病种：女性得病率高于男性；高学位人群得病率高于低学位人群。而同花粉病一样，太爱干净的人群，得湿疹的比例也比较高。

为什么宝宝会得湿疹呢？绝大多数的时候，这是一种应激反应：因为受到了外界的一种刺激，身体的免疫系统产生了某种反应。这其实和哮喘、鼻炎、食物过敏、药物过敏的机理同出一辙。事实上，因为这些病是人体对其实无害的东西产生了过于激烈的反应，所以医院专门看这些病的科室叫作：变态反应科。当宝宝出现湿疹这种变态反应的时候，家长们需要做两件事情：发现刺激来源和解决炎症本身。但在实际生活中，不少家长都认为“湿疹”就是一种病，因此只要想办法把它消灭掉就心满意足了。所以不管用了医院的药物，还是各色偏方，当宝宝的湿疹消失之后，妈妈们就开心地跑去各色论坛分享心得了。但过敏原很可能还在影响着宝宝，这就是湿疹容易复发的主要原因。

那宝宝的湿疹原因到底是什么呢？百科网站上是这样列的：慢性消化系统疾病、精神紧张、失眠、过度疲劳、情绪变化、内分泌失调、感染、新陈代谢障碍、生活环境改变、气候变化、食物、日光、寒冷、干燥、炎热、热水烫洗、动物皮毛、植物、化妆品、人造纤维、家居尘螨、清洁剂、肥皂、香水、花粉、羊毛衣物、牛奶、鸡蛋、花生、谷物、海产品……反正我是记不下来这么多的，怎么办？做对比，对比宝宝湿疹出现和健康时候有什么生活变化，包括心理、环境、温度、饮食、衣着、洗浴这几个大方向，列一下到底都有什么不同，然后一样样地排除，努力找到引起宝宝应激反应的原因，暂时从宝宝生活中隔离。这样可以杜绝湿疹的反复发作。需要注意的是，食物过敏，尤其是奶蛋白过敏，是总被忽略的一种重要原因。

然后，保证情况不要继续恶化，如果爸爸妈妈看懂了之前我们的所有啰唆，就该知道，不恶化的意思就是不要再刺激免疫系统了，简单说有这几点。

1. 减少对宝宝生活的改变和对皮肤的刺激。

2. 和之前说痱子的情况一样，请避免宝宝挠伤导致进一步感染发炎，从一定意义上讲，痱子也就是因为夏天天气造成的湿疹，没本质区别。

3. 高温和高湿会加剧湿疹，适当时候请开空调。

4. 在湿疹期间，是可以正常注射疫苗的。如果有湿疹以外的其他症状，则需要跟医生确认。

5. 保持宝宝的心情愉快。

既然湿疹是身体免疫系统的反应，那么除了严重湿疹直接服用免疫抑制剂外，湿疹是没有一般有效的治疗方法的。所有官方的和民间的治疗如果有效，都只是解决湿疹的表现：红肿、瘙痒。那么在外界刺激得到控制的前提下，可以怎么做呢？当宝宝湿疹不严重的时候，爸爸妈妈只需要做的就是保持皮肤湿润，每天洗一两次温水澡，然后坐等康复就好了。实际上，就和“吃药 7 天好，不吃一礼拜”的病毒感冒一样，绝大多数的奇特偏方也不过是心理安慰剂，过几天湿疹就自然会好的。

对于严重一些的湿疹，可以去医院开一些软膏给孩子用，这些软膏里大部分是含有激素的，但是含量很少，使用又只有几天，爸爸妈妈们实在不需要太担心。至于因为害怕激素，去选择“纯天然”的各种软膏真不一定是好的选择。即便真有效，也可能是在中药中大量混杂西药成分来出疗效的，这可是我国药厂的传家宝。

7 月 27 日的 CCTV2 的《是真的吗》节目中就介绍了一个案例：成都一个妈妈因为害怕激素，给宝宝一直用某中药膏，直到宝宝皮肤变得黑硬，才赶快去医院，最后还是涂了 3 周的激素软膏才好。如果湿疹不严重，家长可以不涂药，但是如果需要涂药，最好还是去医院就诊遵循医嘱，而且不要害怕激素软膏。至于各种治疗湿疹的特别灵特别灵的偏方，我搞不懂的是：全球一年有两亿多人受到湿疹困扰，发明这些特效方法的人是有多淡泊名利，才没成为亿万富翁呢?

湿疹不是一种病，而是各种不同刺激造成皮肤炎反应的统称。除非你准备培养一个不讲卫生不上学的儿子，否则是很难预防湿疹的。爸爸妈妈们不要只顾着消炎解痒，更要了解是什么刺激造成的湿疹，隔绝源头才能减少反复。在治疗上应以拒绝额外刺激避免恶化为主，普通湿疹会很快自愈，严重的听医嘱而不是自行用药，更不要迷信偏方。

含断肠草的云南白药，你还敢给孩子用吗？

温馨提示：爸爸阅读本篇文章后将：药理学 +2。

今天一早某位热心读者就发来问题：云南白药里含有断肠草成分，有会伤害肾脏一说是真的吗？孩子受了小外伤涂抹云南白药没事吧？那么小的药量。It's a good question？！因为这位读者已经不只是在问是否有毒，而是问“量”的问题。不过，对于这个问题，我们无法给出明确的答案，就说一说我们对此事的认识吧。

云南白药是约 90 年前被民国云南省政府警察厅卫生所批准的一种中药，经过这 100 年的发展，现在是我国仅有的四个一级保护中药之一（还有阿胶、龙牡壮骨冲剂和片仔癀），其用法和疗效大家熟知就不说了。

断肠草作为一个有毒植物最早被大家熟知，可能是通过武侠小说。

实际上，并没有一种植物叫作“断肠草”，民间把很多有毒植物都叫这个名字，根据 wiki 的说法，至少有十几种不同科的植物叫断肠草，其中有一种就是“乌头”。这次云南白药在药方中说明含有的就是乌头的一种——“草乌”。

草乌有毒，是因为其中含有剧毒的乌头碱，乌头碱中毒量是 0.2mg（万分之二克），致死量是 3mg ~ 5mg（千分之三到五克），非要一个不严谨的说法的话，可以看成是砒霜和氰化物毒性的几十倍，属于剧毒。生草乌含大量乌头碱，人基本上吃一口就会中毒而亡了。如果对生草乌进行处理，是可以降低乌头碱含量的。

其实，云南白药的药方在我国是属于保密状态，但在美国却不是，因为之前云南白药试图以“食物补充剂”的模式进入美国市场（很多中药因为各种原因无法通过美国食品药品监督管理局的药品审核，所以改以这个名义申请）。曾经在 2002 年向美国食品药品监督管理局提交过口服的云南白药酊的药方（含田七、冰片、散瘀草、白牛胆、穿山龙、淮山药、苦良姜、老鹳草）。我国对中药的管理一直处于很宽松的状态，允许云南白药不公布药方，直到 2013 年云南白药惹出了被香港卫生署检查出含有未标示的乌头类生物碱被禁售风波后，国家食品药品监督管理总局才发布了《关于修订含毒性中药饮片中成药品种说明书的通知》，要求如果含有“砒霜、水银、生川乌、生草乌、雄黄”等在内的 28 种毒性中药品种的中药需要特别注明，云南白药是根据这个要求，才公布含有草乌成分的。

我们无法估算吃多少或者用多少云南白药才会中毒，因为云南白药公司除了说明所含的草乌通过独特的炮制、生产工艺，其毒性成分可基本消除在安全范围以外，仍然不公布所含草乌的量和所谓“基本消除”是将乌头碱降低到多少含量。所以家长对这个的使用，请出于自己对云南白药的信任度和爱好度自行处理。我们也无法论断云南白药吃多少或者如何使用会对人体造成伤害，以及伤害的程度，因为国家是允许云南白药不对我们说明这些的。但是从云南白药之前对 FDA 的说明，我们知道云南白药在美国申报的时候没有含草乌，而在中国销售的产品中是含有草乌的。那么合理的推论有如下两种：因为美国人的抗毒性比中国人低，所以云南白药在美国不敢放草乌；云南白药欺骗了 FDA，少申报了草乌。

不过经过转基因风波和 PX 风波的民众，是不是真的会因为热爱传统文化而容忍自己的知情权和监督权在药物这种真的性命攸关的事情上被医药公司如此玩弄？一切都拭目以待吧。我们不盲目地反或者挺中医，也不否认很多中药的疗效。但是我们怀疑现在对中医药的“保护”既威胁民众的健康，也不利于中医药的未来发展。

后记　让我们把育儿变得有趣起来

今天是“一小时爸爸”微信公众号上线半年的日子。经过各种鸡血、纠结、郁闷和惊喜，终于半岁了。我没有想到在我36岁的时候，会把“做爸爸”变成一个创业项目；就好像大张伟不会想到，有一天他会靠模仿蔡琴为生一样。

在女儿4岁的时候，我做了一个公众号叫“一小时爸爸”。虽然这个事业并不大，但是我希望通过一些方式，给同我一样的爸妈们，或者像女儿这么大的孩子们提供一个获得快乐的渠道：来自于科学与创新。

做这个事情，是因为我有个很纠结的第二职业：爸爸。一方面，绝大多数的爸爸都被扣上“失踪人口”的帽子；另一方面，在孩子成长方面，爸爸则是话语权最弱的那个人——他们宁愿相信一个叫“××数控机床厂”在微信里发的“瓶装矿泉水有毒！转发救人一命”的文章，也不会相信一个化学院毕业的爸爸的建议。

不管鸡和蛋之间的因果关系，反正久而久之，爸爸们总是会同育儿这件事情保持一定的距离。我想很多爸爸像我一样，脑子里会时不时地闪过“我要做点事情，成为一个更厉害的爸爸”这种念头，但最终面对“我实在是没法和你们谈”的残酷现实后，无功而返。

于是，我决定是时候做点什么了。我四处搜刮各路小伙伴们，幸好作为一个教育世家出身的理科宅，像什么化学家、医生、幼儿教育专家这些当了爸爸的同学朋友们，我身边是从来不缺的。我们决定一同推出“一小时爸爸”这个公众账号：一个试着让中国新手爸爸妈妈和孩子们过得更快乐一些的原创亲子生活媒体。

作为一群话痨，还是一群对朋友圈里那些育儿和生活科学的帖子怎么看都不顺眼的话痨，我们对这个媒体的要求就是：更有用、科学、靠谱和好玩。在过去的 4 个月里，“一小时爸爸”努力每天发一篇原创文章。虽然涉及了儿童成长和亲子生活的很多方面，但从内容上讲，大部分还是逃不开“我就是看这些疯转的二货文章不顺眼”的调性：微信公众号正式上线的时间是 3 月 15 日半夜，原因就是觉得央视 3 · 15 晚会曝光儿童用品的报道，很多知识点都是错误的。所以我们发了一系列文章，分析被曝光的几类产品：鱼肝油、激光笔、涂改液和橡皮。

我们相信生活的快乐来自知识而不是谣言，所以我们分析了可乐、车里的水瓶、一次性纸杯、微波炉、电磁炉、湿纸巾、地暖等等。希望用简单的方法让爸爸妈妈的生活更愉快。

我们相信生活的快乐来自理性分析而非代沟，所以写了《老人怕冷捂孩子的原因和建议》和《给宝宝开空调，是对还是错？》，宝宝穿开裆裤和穿袜子的问题也被摆到了台面上。希望用科学的态度来缓解家庭矛盾，让宝宝能在正确的方法下长大。

我们相信生活的快乐来自实用性而非 PS 的风景照，所以我们找资料查地图，给出更有实际操作价值的亲子旅行推荐，比如《最适合孩子的 8 艘邮轮》和《孩子最爱的 9 个动漫博物馆》。

我们相信生活的快乐来自安全而非忽悠，便时不时地试图砸一些奇葩行业的饭碗，比如脖套游泳圈、中药注射剂、学步车或者红糖。当然我们也会更努力帮别人创造商机，比如推荐真正适合某个年龄段宝宝的玩具、动画和绘本。

我们相信生活的快乐来自了解而非担忧，于是以方法论的方式来和爸爸妈妈们谈孩子的病痛：发烧、痱子、湿疹甚至是头睡扁了怎么办，也会从实用的角度推荐大家如何购买推车、安全座椅、背带和奶瓶。

我们相信生活的快乐来自安心的家长而非着急的拔苗助长，我们会介绍一些能让爸爸们更喜欢的亲子活动方法：玩具、运动、旅行、动画。

希望家长们不要太着急，我们介绍了孩子的睡眠、做梦、如何游泳、视力发展和学习上厕所，让父母可以耐心地陪着宝宝慢慢成长。

当然，同各种谣言和奇葩育儿方法斗争的工作是件成本高昂的事情。虽然每篇文章不过1500字左右，但是背后往往隐藏着几天甚至几个月的准备周期：选择合适的选题，阅读几十篇文章和报告，给出一个可信服的结论。我们讨论结论是否有误，找更多的报告来支持结论，还要给出对应的有实用价值的建议。每篇文章的编辑时间按各位同学的各自工资算起来，可能都要几千块人民币了。这就是我们认为自己是“最有科学性”的亲子媒体的原因。

一晃，这半年我们真的这样累计了几十万字，感谢读者对我们的科学专业度的认可和错别字的宽容，让这样的我们也有了几万的订阅用户，阅读数超过50万的文章，以及看上去非常美的阅读率和转发率。我们相信，好看的数字，是因为在营销号的谣言、养生和心灵鸡汤之外，爸爸妈妈们的确需要另外一种选择：一种科学、信任和轻松快乐的生活。

我们正在努力提供一个和别人都不一样的产品：科学并有趣。它可能会不断延展成长，也会给我们带来更多的价值和收获。将来也许我的女儿会喜欢我提供的产品，并且会很骄傲地告诉其他朋友说，“看，这是我爸爸做的”。

对于我家那个会被我起无数外号的可爱闺女，我最希望的是她未来有机会去实现她自己个性化的“成功”。而我要做的，是让她拥有尽可能多的可能性，直到她做出自己人生的选择。也许她不喜欢创造，也不喜欢理科；她就喜欢跳舞，这也没关系，哪怕她就是喜欢赚钱都没关系。因为科学和有趣不是生活技能，是一种世界观。